2022年浙江省省级课程思政教学研究示范中心立项项目
"数字化管理"课程思政教学研究示范中心

学生双环学习视域下的课程思政

架构、模式与评价

胡保亮　张素平　著

浙江大学出版社
ZHEJIANG UNIVERSITY PRESS
·杭州·

图书在版编目（CIP）数据

学生双环学习视域下的课程思政 ：架构、模式与评价 / 胡保亮，张素平著. —— 杭州 ：浙江大学出版社，2025.6

ISBN 978-7-308-25013-9

Ⅰ. ①学… Ⅱ. ①胡… ②张… Ⅲ. ①高等学校－思想政治教育－教学研究－中国 Ⅳ. ①G641

中国国家版本馆 CIP 数据核字（2024）第 102343 号

学生双环学习视域下的课程思政：架构、模式与评价

XUESHENG SHUANGHUAN XUEXI SHIYU XIA DE KECHENG SIZHENG：JIAGOU、MOSHI YU PINGJIA

胡保亮　张素平　著

责任编辑	杨利军（ylj_zjup@qq.com）
责任校对	张培洁
封面设计	周　灵
出版发行	浙江大学出版社
	（杭州市天目山路 148 号　邮政编码 310007）
	（网址：http://www.zjupress.com）
排　　版	杭州好友排版工作室
印　　刷	杭州宏雅印刷有限公司
开　　本	710mm×1000mm　1/16
印　　张	11.5
字　　数	206 千
版 印 次	2025 年 6 月第 1 版　2025 年 6 月第 1 次印刷
书　　号	ISBN 978-7-308-25013-9
定　　价	58.00 元

前　言

　　课程思政,关乎学生价值引领、文化传承、综合素质,是落实立德树人根本任务的战略举措;关乎高校教学改革、教育质量、适应时代,承载着培养德智体美劳全面发展的社会主义建设者和接班人的使命。近年来,各大高校纷纷把课程思政作为教育教学改革的重要内容,取得了显著成效。然而,课程思政建设实践也显现出了一些典型的问题,突出表现在:对课程思政的内涵、价值、政策与任务等体系性的认识仍然不清、不深;重视教师侧对学生的宣教与外部行为规范,忽视学生侧对自我的反思与内在价值观塑造;主要关注"课程思政有没有",缺乏对"课程思政好不好"的评价。

　　伴随着课程思政的广泛实践,相关的理论研究也不断丰富。然而,这方面的研究在指导解决以上问题上依然乏力。此外,当前研究虽然探讨了课程思政多样的问题,但总体上是碎片化的,缺乏从顶层设计到模式落地再到效果评价的一体展开与系统研究;实践案例集虽多,理论著作却少有。本书正是基于这些实践与理论背景,以"双环学习"为理论支点,探索以学生为中心的课程思政的新路径、新理论。双环学习强调通过促进学生自我反思以检视与重塑自己的心智模型与价值观,进而引领学生不仅正确地做事,而且做正确的事,为教师提供了以学生为中心的设计逻辑。

　　本书共有三个部分八章内容。第一至三章是本书的第一部分,旨在厘清课程思政的基本概念、主要价值、政策引领、任务要求与研究现状,进而增进人们对课程思政的深入与系统的认识。第四至五章是本书的第二部分,结合学理分析与案例实践,将双环学习用于指导课程思政建设,搭建了学生双环学习视域下的课程思政建设架构并提出了经典模式。第六至八章是本书的第三部分,基于双环学习理论开发出了一个集衡量学生知识习得、能力培养与价值塑造为一体的,能够引导学生同时做正确的事与正确地做事的课程思政综合效果评价指标体系,并将之实际应用于单门课程层面和教学组织层面的课程思政效果评价。

本书框架与思路由胡保亮设计,第二、四、六章由胡保亮撰写,第一、七章由张素平撰写,第八章由张素平、姬璟共同撰写,第三章由曹园园撰写,第五章第一节由张蕊撰写,第五章第二节由郑佳撰写,第五章第三节由闫帅撰写,第五章第四节由高海霞撰写。全书由胡保亮统稿并完成修改。本书为2022年浙江省级课程思政教学研究示范中心立项项目"'数字化管理'课程思政教学研究示范中心"的研究成果。非常感谢杭州电子科技大学教务处给予本书大力支持。

由于作者水平有限,书中不当之处在所难免,欢迎广大读者批评指正!

胡保亮　张素平

2024 年 5 月

目　录

第一章

课程思政的内涵、溯源与价值

第一节 课程思政的提出

课程思政是在特定的时代背景、实践背景与政策背景下提出的。

一、课程思政提出的时代背景

随着中国特色社会主义迈向新时代,青年学生肩负着实现中华民族伟大复兴的使命。在这一伟大使命下,课程思政作为教育理念和实践,与时代的特征与挑战紧密联系。

其一,全球化与本土化的冲突带来了外来价值观与本土传统价值观的碰撞,使得大学教育更要强调中国特色社会主义的优势和价值,引导学生树立文化自信,坚定文化认同(高国希,2020;张博,2022;王学俭,石岩,2020)。

其二,数字时代信息爆炸使得学生易受虚假信息和消极思想影响,这就要求大学教育培养学生辨别信息的能力,用科技传播正能量(邱伟光,2017;李沐曦,2022;杨茂,2017)。

其三,多元化和价值观多样性使得学生接触到不同思想和生活方式,为学生成长发展提供了丰富的思想资源和体验机会。这就要求大学教育倡导包容和开放的价值观,培养学生尊重多样性并树立正确核心价值观(高德毅,宗爱东,2017;李沐曦,2022)。

其四,中国经济发展转型带来变化和机遇,一些社会变革也随之出现。大学教育需关注学生的现实需求,引导其树立正确人生目标,增强社会责任感和使命感。

综上所述,全球化与本土化碰撞、数字时代信息爆炸、多元化和价值观多样性,以及经济发展与社会变革,都是影响当前大学教育的重要时代因素。

二、课程思政提出的实践背景

在这样的时代背景下,课程思政的提出是对思想政治教育的新探索,是一种科学的教育理念和方法,是对高校思想政治教育规律的正确把握,也是对社会主义新时代如何实施高校思想政治教育的创新。"课程思政"这一概念最初源自上海市德育课程改革经验。上海市率先在2014年开展了课程思政试点工作,上海大学"大国方略"和上海中医药大学"人体解剖学"课程先试先行,探索在课程中融入思想政治教育要素,其积极成果为课程思政的逐渐形成奠定了基础。随后,上海通过推进教育教学改革,让所有课程都能散发出思想政治的氛围,使每位任课教师都担负起思想政治教育的责任。2017年6月,教育部在上海召开了全国高校"课程思政"现场推进会,肯定了上海"课程思政"的改革探索工作,构建了以思想政治理论课为核心,各类课程与思想政治理论课同向同行、形成协同效应的课程体系。

三、课程思政提出的政策背景

课程思政的核心理念在于将思想政治教育渗透于各门课程之中,使其不再局限于传统的思想政治课程,而是要在各个学科领域实现协同发力、共同育人。它强调各门课程与思想政治理论课同向同行,相互支持与烘托,让每门课都能守好一段渠、种好责任田,实现全程育人、全方位育人的目标。这种理念在全国范围内逐渐得到推广,并形成了政策性要求。

2016年12月,习近平总书记在全国高校思想政治工作会议上强调高校思想政治工作关系高校培养什么样的人、如何培养人以及为谁培养人这个根本问题。习近平总书记明确指出"要用好课堂教学这个主渠道,思想政治理论课要坚持在改进中加强,提升思想政治教育亲和力和针对性,满足学生成长发展需求和期待,其他各门课都要守好一段渠、种好责任田,使各类课程与思想政治理论课同向同行,形成协同效应"(张烁,鞠鹏,2016-12-09)。2019 年 3 月,习近平总书记主持召开学校思想政治理论课教师座谈会并发表重要讲话,指出要坚持显性教育和隐性教育相统一,挖掘其他课程和教学方式中蕴含的思想政治教育资源,实现全员全程全方位育人。习近平总书记的讲话明确了课程思政建设的定位和重要性(本报评论员,2019-03-21)。

通过高层领导与教育部门的多次明确要求,以及相关政策文件的印发,课程思政逐步从一个经验性术语转变为政策性术语,并成为推动学校思想政治教育工作的重要内容。

2017 年 9 月,中共中央办公厅、国务院办公厅印发《关于深化教育体制机制改革的意见》,要求"科学定位德育目标,合理设计德育内容、途径、方法,使德育层层深入、有机衔接,推进社会主义核心价值观内化于心、外化于行","健全全员育人、全过程育人、全方位育人的体制机制,充分发掘各门课程中的德育内涵,加强德育课程、思政课程"。

2017 年 12 月,中共教育部党组印发《高校思想政治工作质量提升工程实施纲要》,明确要求大力推动以"课程思政"为目标的课堂教学改革,"梳理各门专业课程所蕴含的思想政治教育元素和所承载的思想政治教育功能,融入课堂教学各环节,实现思想政治教育与知识体系教育的有效统一"。

2018 年 9 月,《教育部关于加快建设高水平本科教育 全面提高人才培养能力的意见》(教高〔2018〕2 号)提出"在构建全员、全过程、全方位'三全育人'大格局过程中,着力推动高校全面加强课程思政建设,做好整体设计,根据不同专业人才培养特点和专业能力素质要求,科学合理设计思想政治教育内容"。

2019 年 8 月,中共中央办公厅、国务院办公厅印发《关于深化新时代学校思想政治理论课改革创新的若干意见》,并发出通知,要求各地区各部门结合实际认真贯彻落实。同年 10 月,教育部推进落实,在"教育奋进看落实"系列通气会中,印发材料《全面推进高校课程思政建设》,制定了全面落实立德树人根本任务、加强高校"课程思政"建设的专项工作方案。

2020 年 4 月,《教育部等八部门关于加快构建高校思想政治工作体系的意见》(教思政〔2020〕1 号)提出"全面推进所有学科课程思政建设。统筹课程思政与思政课程建设,构建全面覆盖、类型丰富、层次递进、相互支持的课程体系",要求强化各门类专业课程的育人作用。

2020 年 5 月,教育部印发《高等学校课程思政建设指导纲要》(教高〔2020〕3号),明确全面推进高校课程思政建设是落实立德树人根本任务的战略举措,指出:"全面推进课程思政建设,就是要寓价值观引导于知识传授和能力培养之中,帮助学生塑造正确的世界观、人生观、价值观,这是人才培养的应有之义,更是必备内容。这一战略举措,影响甚至决定着接班人问题,影响甚至决定着国家长治久安,影响甚至决定着民族复兴和国家崛起。"

2022 年 7 月,教育部等十部门印发《全面推进"大思政课"建设的工作方案》(教社科〔2022〕3号),提出全面推进课程思政高质量建设:"教育部组建高等学校课程思政教学指导委员会,研制普通本科专业类课程思政教学指南,组织开展高校教师课程思政教学能力培训,建设一批课程思政系列共享资源库。建成一批课程思政示范高校,推出一批课程思政示范课程,选树一批课程思政教学名师和团队,建设一批高校课程思政教学研究示范中心。"

综上所述,课程思政作为一项重要的教育理念和政策,已经在我国教育体系中取得显著进展(图 1-1)。通过将思想政治教育融入各门课程,课程思政实现了知识、技能与价值的有机结合,全面促进了学生成长成才目标的实现。习近平总书记的指示为课程思政的发展定下了明确方向,而政策文件的发布更是使其在高校教育中得以广泛落实。然而,后续纵深推进课程思政的高质量建设,还需深刻阐明其本质内涵,使其成为一个专业性术语,发挥在学校教育尤其是课程建设中的指导、引领作用。

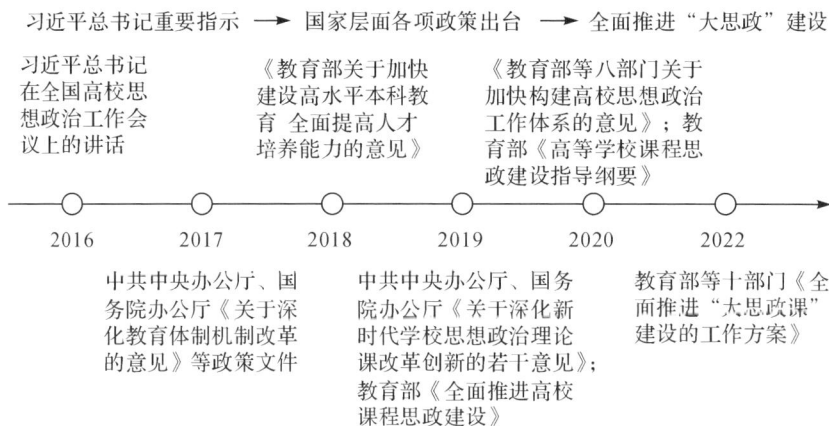

习近平总书记重要指示 ➡ 国家层面各项政策出台 ➡ 全面推进"大思政"建设

| 习近平总书记在全国高校思想政治工作会议上的讲话 | 《教育部关于加快建设高水平本科教育 全面提高人才培养能力的意见》 | 《教育部等八部门关于加快构建高校思想政治工作体系的意见》;教育部《高等学校课程思政建设指导纲要》 |

| 2016 | 2017 | 2018 | 2019 | 2020 | 2022 |

| 中共中央办公厅、国务院办公厅《关于深化教育体制机制改革的意见》等政策文件 | 中共中央办公厅、国务院办公厅《关于深化新时代学校思想政治理论课改革创新的若干意见》;教育部《全面推进高校课程思政建设》 | 教育部等十部门《全面推进"大思政课"建设的工作方案》 |

图 1-1 课程思政提出的政策背景

第二节　课程思政的内涵

　　截至 2024 年 10 月 16 日,在中国知网以"课程思政"为关键词进行搜索,共得到相关学术期刊论文 37293 篇。高德毅和宗爱东在《中国高等教育》2017 年第 1期发表了《从思政课程到课程思政:从战略高度构建高校思想政治教育课程体系》一文,这是学术界首次明确提出"课程思政"这一研究方向。从 2017 年至 2024 年10 月,学术期刊上关于课程思政的论文数量呈现显著增长趋势,表明课程思政已成为教学研究领域的热点问题之一。

　　从图 1-2 中可以看出,2017 年仅有 20 篇论文,但随着政策引导和教育改革,2018 年迅速增长到 244 篇。2019 年后,研究量呈爆发式增长,2020 年达 4094篇,主要得益于高校课程思政建设的全面推进。到 2022 年,论文数量达到 9012篇,反映出课程思政研究已广泛普及,成为高校教学研究的核心议题。2023 年,论文数量达到 9148 篇,课程思政研究进入成熟期并持续受到学界关注。

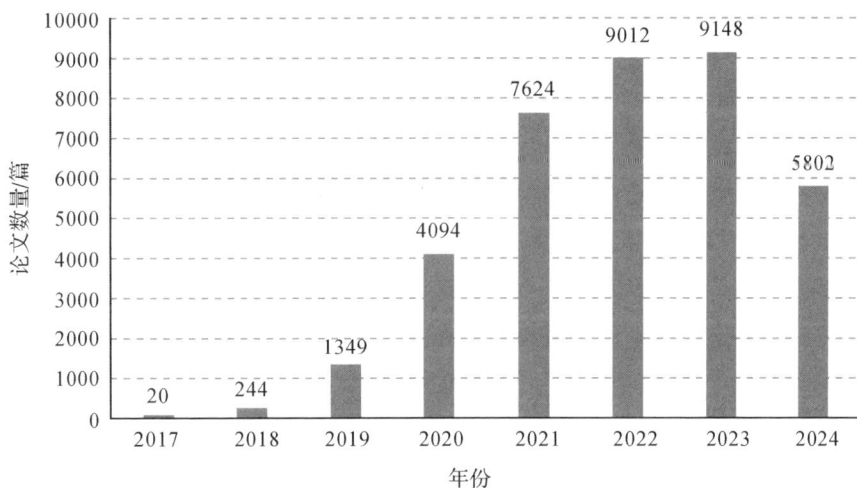

图 1-2　2017—2024 年"课程思政"论文增长趋势

一、课程思政的概念界定

　　课程思政是高等学校教育中一种重要的教育理念和实践活动。教育部《高等学校课程思政建设指导纲要》明确指出,"课程思政"旨在将思想政治教育融入课程教学和改革的各个环节、各方面,帮助学生树立正确的世界观、人生观、价值观,实现全面发展。这种思想政治教育应贯穿于教学理念、教学内容、教学改革和教学要求之中,形成一个综合体(王婷婷,赵生学,2021;何玉海,2019)。

研究者们对课程思政的内涵做了较为丰富的界定。其中,高德毅和宗爱东(2017)认为,课程思政的实质是一种课程观,不是简单地增开一门课或增设一项活动,而是将高校思想政治教育融入课程教学和改革的各环节、各方面,实现立德树人、润物无声。邱伟光(2017)则强调课程思政是指高校的所有课程都要发挥思想政治教育作用,使思想政治教育贯穿于整个学科体系中。闵辉(2017)则将课程思政视为一种整体性的课程观。陆道坤(2021)认为课程思政是将思想政治教育融入课程教学的各环节、各方面,以隐性思政的功用与显性思政——思想政治理论课一道,共同构建全课程育人格局。

赵继伟(2019)提出课程思政包括思想政治理论课、专业课、通识课和思想政治教育(实践)活动等关键词,其含义可初步理解为依托或借助思想政治理论课、专业课、通识课等课程而开展的思想政治教育实践活动。思想政治理论课是课程思政的主渠道,包括课堂教学和实践教学,其中课堂教学主要以思想政治理论教育为主要形式,思想政治实践教育以实践教学为主要形式。刘建军(2020)将课程思政定义为通过高等学校课程建设和课堂教学进行的思想政治教育,可以广义上理解为包括思想政治课在内的全部课程,也可以狭义上理解为除思想政治课之外的其他课程。

赵蒙成(2019)认为课程思政是党的政策催生的教育理念,其构建全员、全程、全课程育人格局的形式,使各类课程与思想政治理论课同向同行,形成协同效应,把"立德树人"作为教育的根本任务,为实现立德树人目标搭建了载体。蒲清平和黄媛媛(2023)则指出课程思政的本质在于它是一种课程观,不是新的课程建设,而是将高校思想政治教育融入课程教学的观念。

刘鹤等(2019)认为课程思政是一种新的教育理念和教学实践,彰显中国特色社会主义大学特征,是培养德智体美劳全面发展的社会主义建设者和接班人的现实需要,是保障"三全育人"实现的必然选择。鄢显俊(2020)认为课程思政将"四个自信"这一"思政元素"贯穿于专业教育全过程,以提升大学生"四个自信"为专业教育的出发点和归宿,致力于将大学生培养成为又红又专的社会主义建设者和接班人。

综上所述,研究者们对于课程思政的界定存在一些共同之处。其一,课程思政将思想政治教育融入课程教学和改革的各个环节和方面,目的是帮助学生塑造正确的世界观、人生观、价值观,实现全面发展。其二,课程思政是一种教育理念或观念,重点是将思想政治教育贯穿于课程教学全过程,而不仅是简单地增开一门课或增设一项活动。其三,课程思政被视为一个系统,以培养德智体美劳全面发展的社会主义建设者和接班人为目标,通过显性思政和隐性思政的协同作用,贯穿于整个学科体系,构建全课程育人格局。这些共同之处展现了课程思政在高等教育中的重要地位和综合性意义。

二、思政课程与课程思政的关系

思政课程与课程思政之间是相辅相成、相互协同的关系。它们都是高校思想政治教育的重要组成部分,共同推动学生思想政治教育的全面发展。

第一,思政课程与课程思政之间是显性思政与隐性思政的关系。思政课程是显性思政,是直接面向学生进行思想政治教育的主渠道。通过思政课程,学校可以明确传达马克思主义理论和社会主义核心价值观,引领学生树立正确的世界观、人生观、价值观(吴潜涛,赵政鑫,2022)。而课程思政是隐性思政,是将思想政治教育融入其他专业课程,通过隐性的教育方式潜移默化地影响学生的思想观念和价值观(王芳,2020;陆道坤,2018;陆道坤,2022)。

第二,思政课程与课程思政之间是整体与部分的关系。思政课程作为核心显性思政,是高校思想政治教育的主要组成部分,起到了明确的价值引领作用。而课程思政是对思政课程的有益补充,通过将思想政治教育因素融入其他专业课程,丰富了学生的思想政治教育内容,实现了全课程育人的目标(成桂英,2018;许硕,葛舒阳,2019;张大良,2021)。

第三,思政课程与课程思政之间是同向同行的关系。在课程思政改革中,各类课程要向思政课程靠拢,思政课程要向各类课程学习,以实现价值引领的一致性和协同效应。思政课程和课程思政共同推进学生的思想政治教育,形成合力,共同促进高校育人工作的发展(石书臣,2018;邱仁富,2018;唐德海,李枭鹰,郭新伟,2020)。

第四,思政课程与课程思政之间是教学体系与课程体系的关系。思政课程作为教学体系的一部分,是高校思想政治教育的核心,直接面向学生进行教学。而课程思政则是课程体系的一部分,将思想政治教育融入其他课程,通过各门课程共同实现思想政治教育目标(王丽华,2019;孙蚌珠,2019)。

总体而言,思政课程与课程思政之间形成了相互促进、相辅相成的良好关系。思政课程作为核心显性思政,明确价值引领,课程思政则属于隐性思政,通过将思想政治教育贯穿到各门课程中,共同构建全课程育人格局,实现学生全面发展和思想政治教育的有机结合。这种合力形成协同效应,推动高校育人工作不断取得更好的成效。

三、课程思政的主要特点

课程思政是一种以课程为基础、全员参与的思想政治教育模式。它通过广泛而多样的课程设置,利用隐性教育的方式,在课程教学和改革的各个环节中引导学生形成正确的价值观,实现全面育人的目标,为高等教育的优质发展提供有力支撑。课程思政主要具有以下几个特点:

首先,全面性是课程思政最显著的特点之一。课程思政的全面性体现在课程范围的广泛性以及全员全方位全过程育人两方面。课程思政涵盖了广泛的课程范围,不仅包括传统的思想政治理论课程,还包括各类专业课、通识课以及其他实践活动(王学俭,石岩,2020)。这使得思想政治教育的内容在学生学习和生活的方方面面得到了充分体现。课程思政主张全员参与,通过整个课程体系的构建和实施,实现全方位、全过程的思想政治教育。全员育人需要全体教师、高校教学管理人员参与课程思政建设,着力发挥课堂育人主渠道的作用(顾晓英,2020;高国希,2020)。全过程育人是指将所有课程融入思想政治教育体系,使思想政治教育真正融入学生的学习和成长过程,实现全面育人的目标。全方位育人需要充分发挥课堂教育、实践教育、校园文化建设等各种教育载体的作用(高德毅,宗爱东,2017)。

其次,课程思政具有显著的渗透性。渗透性是指在专业课程的教学中渗透与专业教学内容相关的思想政治教育元素,引导学生在加深对专业知识深度理解和应用的同时感受德育的力量与价值,达到"内化于心、外化于行"的育人效果。这种"润物无声"的渗透式教育方式避免了学生的逆反心理,提高了教育效果(刘建军,2020)。通过在各类课程中潜移默化地引导学生形成正确的思想观念和价值观,课程思政成功地将思想政治教育融入学生的日常学习。

再次,课程思政强调引领性。在新时代,高校的育人形式和内容亟须创新,以打破传统显性知识传授的课堂教学壁垒。2016 年,在全国高校思想政治工作会议后,各地高校纷纷致力于推进课程思政的建设,以改革思想政治教育为主要方向,强化价值引领,将牢固理想信念作为思想政治教育的重要功能。课程思政不仅仅关注知识传授,更注重在知识传授的过程中引导学生形成正确的世界观、人生观、价值观(邱伟光,2017;高德毅,宗爱东,2017)。这种价值引领的教育方式为学生提供了人生导向和价值追求的指引。

最后,协同性是课程思政的另一个突出特点。协同性是指课程思政与思政课程展开协同教育,充分发挥育人功能并始终坚持共同的社会主义办学方向。思政课教师与专业课教师在教育方向、教育理念上同向同行(本报评论员,2019-03-21)。并且这种协同性还体现在环境维度上,以营造"大思政"环境(何红娟,2017;石书臣,2018)。在大学校园中,"大思政"教育观贯穿课堂以及校园环境营造的全过程,多维度探究课程思政与思政课程以及各类思政教育载体之间的协同性,将思想政治教育以"基因式"融入协同育人的过程,让课程思政生根发芽(邱仁富,2018)。

综上所述,课程思政作为新时代思想政治教育的一种重要形式,以其全面性、渗透性、引领性和协同性等特点(图1-3),成功地将思想政治教育融入各类课程和教学活动,培养学生成为有思想、有担当、有责任感的社会主义建设者和接班人。教育者应充分认识到课程思政的重要性,积极推动课程思政的实施,不断提升思政教育的质量和水平。

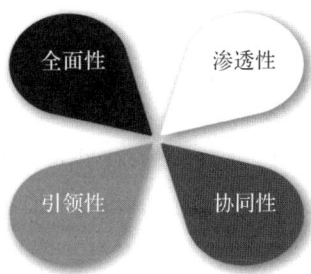

图1-3 课程思政的主要特点

第三节 课程思政的溯源

教育作为人类社会中重要的社会制度和文化传承方式,其历史发展漫长而复杂。在中国历史上,教育理念经历了不同世界观的形成和演变,从"人德共生"逐渐发展为"立德树人"。这一演进历程体现了中国教育在不同历史时期的创新能力以及对社会发展的适应性。

在古代中国,教育扮演着重要的角色,是人与人、人与世界、人与自身内在关联的重要途径。教育不仅是知识传承的方式,更是构建人类对历史、现实和未来的认知与视角的重要手段。在这个过程中,人类形成了不同的世界观,分别以古希腊文明开启的"理性世界观"、古印度和古巴比伦文明开启的"宗教世界观",以及古代中国开启的"德性世界观"为代表。

"德性世界观"将人与世界、人与人的伦理承诺作为理解世界的根本依据,将"人德共生"作为教育的根本任务(胡志刚,2016)。在先秦时期,周公旦提出了"以德配天""敬天保民"的主张,将"德"视为天子领会天意、顺应天道、巩固统治的关键性中介(高云萍,陈正权,2021)。此后,儒家建构了以"仁"为核心的道德教化体系,将"立德树人"的对象从西周时期的天子贵族扩大至知识精英群体。

中国封建社会中,道德教育成为社会的中心内容之一。儒家思想在此时期达到巅峰,儒家教育的中心目标是塑造具有仁爱之德的"君子"(陈来,2005)。孟子在"性善论"中认为人性本善,主张通过加强自我修养和德行培养来实现"立德"。相反,荀子的"性恶论"则强调外在教化的重要性,主张通过刻苦修行来达到"立德"(梁红军,2015)。这两种不同的立德方式为封建社会的道德教育提供了不同的思路。

随着社会的发展和近现代化进程的推进,中国教育传统逐渐发生变化,从"人德共生"逐步发展为"立德树人"(韩丽颖,2016;肖文红,2019)。近现代化的挑战推动了传统社会的转型和教育理念的更新。19世纪末至20世纪初,中国内忧外患,列强的入侵和内部的动荡,促使中国知识分子开始反思传统社会的束缚和封建礼教的限制,强调个性培养和发展,提倡阶级道德,为国家建设和人民的发展提供了强大动力。

在近代中国,辛亥革命之后,为建立与新生的民主共和政体相适应的教育体系和道德品质,许多知识分子和教育家主张引进西方先进的民主科学思想,大刀阔斧地改造儒家传统道德伦理。蔡元培是这一时期最具代表性的教育家和思想家。他非常重视德育,认为"德育实为完全人格之本,若无德,则虽体魄智力发达,适足助其为恶,无益也"(赵永芳,2013)。所以在人的全部教育中,"必以道德为根本",而道德教育的根本目的在于"养成共和国民健全之人格"(孙莉,2009)。这种健全的人格包括体育、智育、德育和美育,其中德育居于首要和中心地位,学校教育要以德育统筹协调各育的和谐发展。蔡氏思想中所蕴含的"德育为先"思想实际上已经基本脱离了古代中国知识分子为天子培养门生的教育轨道,转而指向实现国家与人的现代化。这赋予了"人德共生"新的富有现代性的意涵和价值。

随后,马克思主义的传入对中国教育产生了深远的影响。马克思和恩格斯从唯物历史观和人性观出发,对教育本质、人的全面发展等问题进行了系统阐释,形成了马克思主义教育哲学思想(郑永廷,张彦,2006)。中国共产党成立后,马克思主义思想极大革新了传统中国对道德本质及其与人的关系的认识。中国共产党强调"立德树人",构建了现代化的道德体系,并将公民道德作为教育的重点。这使得教育的目标从个人道德转向了社会责任,注重培养公民的责任感和社会意识,强调爱国主义和集体主义,促进人的全面发展。

改革开放后,中国教育进一步发展。中国坚持物质文明与精神文明"两手抓",更加重视"以人为本",教育重心转向现代的人本主义教育。以"立德树人"为核心,中国教育不仅注重提升学生的学术成绩,更注重培养学生的品德和社会责任感。然而,我们必须时刻警醒教育的"颜色"问题。这是教育的基本属性和基本逻辑,也是教育的"防火墙"与"安全阀"(郝德永,2021),是教育不可忽视的重要方面。历史上,中国教育曾面临"红"与"专"问题的大讨论,毛泽东强调政治与专业的统一,使得教育确立了"又红又专、品学兼优、德才兼备"的指导思想(欧阳雪梅,2015)。然而,随着改革开放和市场经济的发展,教育的经济价值与功能受到强调,而教育的政治性逐渐弱化,教育的"颜色"问题呈现出淡化的倾向。在当前世界百年未有之大变局和中国新时代背景下,我们必须坚守教育的"颜色",确保教育服务于国家发展,培养德才兼备、具有社会责任感的新时代优秀人才。功利主义教育观、公民主义教育观和专业主义教育观的兴起应得到审慎对待,不应让教育的政治逻辑和功能被淡化。教育的"颜色"问题是一个需要时刻警醒的根本性问题,教育的意识形态属性与逻辑必须得到坚守,以确保教育始终服务于国家的需求和人民的利益。只有坚守教育的"颜色",才能使教育在不断创新和适应社会发展的同时,始终保持其本真和力量,为未来教育改革提供可靠的指引和有效的引领。

综上所述,中国教育作为重要的社会制度和文化传承方式,在漫长的历史进程中经历了多次演变和创新(图1-4)。从古代"德性世界观"强调"人德共生",到当代"立德树人"强调培养全面发展的公民,中国教育的发展历程展现了其适应社会变革的能力。古代中国教育以儒家思想为主导,重视道德教化,塑造仁爱之德的"君子"。随着社会变迁,近现代化带来了新的挑战,中国知识分子开始反思传统的束缚和封建礼教的限制,强调个性培养和社会责任,为国家建设和人民发展提供动力。马克思主义的传入对中国教育产生深远影响,强调"立德树人",构建现代化道德体系。在当前世界百年未有之大变局和中国新时代背景下,坚守教育的"颜色"尤为重要,培养德才兼备、具有社会责任感的新时代优秀人才是中国教育的重要使命。

古代中国的"人德共生"	近代中国对德育的重视	当代中国的"立德树人"
强调教育之于人的内在性建构价值,即所谓"德之不修、行之不远",从而把人德共生作为教育的根本任务。	大刀阔斧改造儒家传统道德伦理,强调在人的教育中,"德育实为完全人格之本"以及"必以道德为根本"。	将教育的根本任务从"人德共生"发展为"立德树人",构筑形成富有先进性、创造性和广泛性的新型道德体系,实现了社会教化与人的发展的有机统一。

图 1-4　课程思政理念的溯源

第四节　课程思政的价值

课程思政作为一种教育理念和教学实践,在高校思想政治工作中具有重要价值。课程思政的价值具体体现在四个方面。

其一,课程思政的价值在于坚持社会主义办学方向。

高校教育的根本任务是立德树人,是为社会主义建设培养各类有用人才。邱伟光(2017)指出,课程思政体现了高校办学的社会主义方向,帮助高校始终围绕立德树人的根本要求,推动高校实现立德树人的根本目标。这是与社会主义核心价值观相一致的办学理念,也是高校育人的基本宗旨。

在当前国内外复杂多变的环境下,高校教育面临着新的挑战。学生的思想观念和价值观受到多种因素的影响,教育的导向至关重要。课程思政的实施使得高校教育始终与社会主义核心价值观保持一致,避免偏离正确的办学方向,确保高校育人工作始终以社会主义办学方向为引领,培养能够践行社会主义核心价值观的合格建设者和可靠接班人。

其二,课程思政的价值在于全面育人贯穿教育教学全过程。

高等教育不仅仅是传授知识和培养技能,更重要的是培养学生正确的价值观和社会责任感。邱伟光(2017)认为,"课程思政"可以确保育人工作贯穿教育教学的全过程,在通过课堂教学引导学生学习知识技能的同时,培养其正确的价值观和社会责任感。

在大学阶段,学生的思想品质正在形成,而高校教育应该是学生思想成长的关键时期。课程思政在学生的道德、品行和公共精神方面进行培养,引导学生树立正确的世界观、人生观和价值观,使他们具备崇高的道德品质和公民意识,为社会做出积极贡献。

此外,课程思政还能帮助学生建立正确的职业道德和社会责任感。高校是学生获取专业知识的场所,高校求学时期亦是塑造其人格和提高其道德修养的重要阶段。课程思政通过专业课程教学,使学生在学习专业知识的同时,了解和认同社会主义核心价值观,理解并拥有正确的职业道德,培养对社会和国家有责任感的职业精神。

其三,课程思政的价值在于塑造学生的思想品德。张博(2022)指出,课程思政是为了引导学生塑造独立人格、培养良好的道德品性以及凝聚公共精神,具有重要价值。塑造学生的思想品德是大学教育的重要任务之一。

在传统的思想政治教育中,学生主要接触思想政治理论课。然而,单一的显性教育形式难以满足学生全面发展的需求。课程思政通过各门学科的教育,使学生在专业知识外形成特定的思维方式、价值观和方法论,让学生在运用专业知识解决问题的同时,也能践行正确的价值观,用思想深度平衡知识与价值的协调。这样,学生不仅能够在专业领域有所造诣,还能在面对复杂社会问题时具有理性头脑和正确的道德判断力。

其四,课程思政的价值在于完善全新课程育人体系。课程思政是使思想政治教育走进每一堂课,融入每一门课程的一种隐性思想政治教育形式。这种形式要求教育者在创新设计教学方案时结合学科和专业课程的特点,将专业知识与思想政治理论有机融合,强化育人观念的显性成效,助力育人体系的构建。

传统的思想政治教育主要以思想政治理论课为主,而课程思政通过将思想政治教育渗透到各门学科的教学过程中,实现了思想政治教育的全程化。

综上所述,课程思政的价值在于坚持社会主义办学方向、全面贯穿教育教学过程、塑造学生的思想品德,以及完善全新课程育人体系,从而实现高校立德树人的目标,培养具有高尚品德和丰富知识的社会主义合格建设者和可靠接班人(图1-5)。

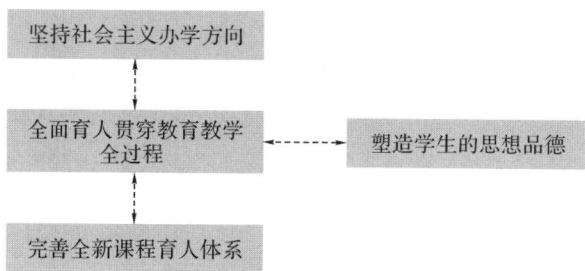

图 1-5　课程思政的价值

第二章

课程思政建设的要求与任务

第一节 习近平总书记关于教育的部分重要论述

在 2018 年全国教育大会上,习近平总书记指出"教育是国之大计、党之大计"。他强调"党的十八大以来,我们围绕培养什么人、怎样培养人、为谁培养人这一根本问题,全面加强党对教育工作的领导,坚持立德树人,加强学校思想政治工作,推进教育改革,加快补齐教育短板,教育事业中国特色更加鲜明,教育现代化加速推进,教育方面人民群众获得感明显增强"(新华网,2018-09-10)。我们沿着"培养什么人、怎样培养人、为谁培养人"这一教育的根本问题(图 2-1)梳理习近平总书记对教育的部分重要论述,从而明晰课程思政建设总体要求与重大任务的指南。

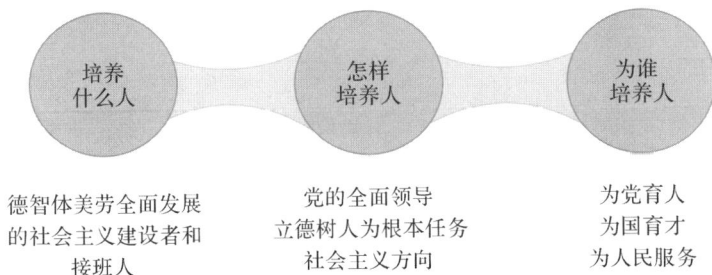

培养
什么人

怎样
培养人

为谁
培养人

德智体美劳全面发展
的社会主义建设者和
接班人

党的全面领导
立德树人为根本任务
社会主义方向

为党育人
为国育才
为人民服务

图 2-1 教育的根本问题

一、培养什么人

2018年，习近平总书记在全国教育大会上指出"培养什么人，是教育的首要问题"，强调"我们的教育必须把培养社会主义建设者和接班人作为根本任务，培养一代又一代拥护中国共产党领导和我国社会主义制度、立志为中国特色社会主义奋斗终身的有用人才。这是教育工作的根本任务，也是教育现代化的方向目标"（新华网，2018-09-10）。2019年3月18日，习近平总书记在学校思想政治理论课教师座谈会上强调"努力培养担当民族复兴大任的时代新人，培养德智体美劳全面发展的社会主义建设者和接班人"（张烁，谢环驰，2019-03-19）。

作为社会主义建设者和接班人，首要的使命是坚守政治信仰。习近平总书记以国家的发展需要为出发点，强调社会主义建设者和接班人应"拥护中国共产党领导和我国社会主义制度、立志为中国特色社会主义奋斗终身"。这种政治信仰引领社会主义建设者和接班人为国家稳定、繁荣和发展做出不可或缺的贡献，是推进中国特色社会主义事业的坚实基石。

同时，社会主义建设者和接班人还必须展现出敢于担当民族复兴大任的精神。习近平总书记提出培育"担当民族复兴大任的时代新人"，这要求新时代的社会主义建设者和接班人应具备强烈的担当精神、奋斗精神、开拓精神和奉献精神。社会主义建设者和接班人应当敢于挑起历史赋予的重任，勇于迎接社会发展的各种挑战，为实现中华民族伟大复兴而不懈努力（教育部课题组，2019）。

社会主义建设者和接班人一定是德智体美劳全面发展的人。因此，要努力构建德智体美劳全面培养的教育体系，形成更高水平的人才培养体系（新华网，2018-09-10）。德育是其他各育发展的前提和基础；智育提供智力支持；体育提供身体支持；美育润泽心灵，协调各育的发展；劳育提升劳动技能，是实现人的全面发展不可或缺的要素。

二、怎样培养人

习近平总书记关于教育的重要论述深刻强调了发展教育的路径。其中，他强调党对教育事业的全面领导，将立德树人确立为教育的根本任务，优先发展教育事业，加强教师队伍建设，并坚持社会主义办学方向。

习近平总书记在2018年全国教育大会上强调，"加强党对教育工作的全面领导,是办好教育的根本保证"(新华网,2018-09-10)。作为中国特色社会主义建设的领导核心,党始终总揽全局、协调各方,确保国家持续朝着正确方向前进。高校作为培养社会主义建设者和接班人的重要场所,在党的全面领导下,肩负着传承党的先进理论、坚定民族信仰信念的重要使命。党的领导使高校始终坚定奉行正确的办学方向,培育具备创新精神和社会责任感的杰出人才,为实现中华民族伟大复兴的中国梦奠定坚实基础。这不仅是教育事业发展的保障,更是国家繁荣进步和人民幸福安康的重要保障,为中国特色社会主义事业提供了源源不断的动力。

立德树人作为教育的根本任务至关重要。习近平总书记多次强调要立德树人。立德树人不仅是中国高校建设的根本指南和重要目标,更是实现优秀人才蓬勃发展的关键所在。

立德树人离不开构建专业化的教师队伍。教师队伍作为实现立德树人根本任务的核心和主力军,需要通过持续的专业培训和提升,确保教师具备高水平的学科知识和教育理念。教师在教学过程中应注重培养学生的品德和道德观念,将立德树人的理念融入日常教育教学实践,引导学生在学习的同时形成正确的价值观和高尚的道德情操。

立德树人离不开思想政治理论课程内容的革新。当前社会处于不断变革之中,学生的特点和需求也在不断变化。为适应这些变化,我们应有针对性地调整思想政治教育课程内容,根据学生不同阶段的生理和心理特点,设计更加精准的教学内容,通过实际案例和实践活动,引导学生树立正确的政治观点,形成积极的人生态度,培养他们成为具备社会责任感和创新精神的公民。

三、为谁培养人

习近平总书记关于教育的重要论述强调教育的价值在于为党育人、为国育才。2020年9月,习近平总书记在第三十六个教师节到来之际,希望广大教师不忘立德树人初心,牢记为党育人、为国育才使命,积极探索新时代教育教学方法,不断提升教书育人本领,为培养德智体美劳全面发展的社会主义建设者和接班人做出新的更大贡献。

同时,习近平总书记关于教育的重要论述强调教育要以人民为中心,为人民服务,推动人的全面发展和社会的全面进步(本书编写组,2020)。2016年12月,习近平总书记在全国高校思想政治工作会议上提出教育"四为服务"的重要论断,即：坚持教育为人民服务、为中国共产党治国理政服务、为巩固和发展中国特色社会主义制度服务、为改革开放和社会主义现代化建设服务（本报评论员，2016-12-09）。其中，"教育为人民服务"为重要内容。2018年，习近平总书记在北京大学师生座谈会上指出："大学是立德树人、培养人才的地方，是青年人学习知识、增长才干、放飞梦想的地方。"（习近平，2018-05-03）他强调了大学教育要立德树人，培养德智体美劳全面发展的人才。

第二节 高校开展课程思政建设的要求与任务

教育部、各省市均对高校课程思政建设有所部署，提出了具体的目标和任务。

一、教育部对高校课程思政建设的部署

（一）教育部对高校课程思政建设部署的演进主线

教育部通过一系列政策的制定与实施（图2-2），积极推动高校课程思政建设与提质。自2017年颁发《高校思想政治工作质量提升工程实施纲要》（教党〔2017〕62号）以来，通过《教育部关于加快建设高水平本科教育 全面提高人才培养能力的意见》（教高〔2018〕2号）、《教育部等八部门关于加快构建高校思想政治工作体系的意见》（教思政〔2020〕1号）、《高等学校课程思政建设指导纲要》（教育〔2020〕3号）等政策，教育部逐步构建了全面覆盖、类型丰富、层次递进的课程思政教学体系，强调了课程思政在提升学生综合素养和思想政治品质方面的关键作用。2022年7月教育部等十部门发布的《全面推进"大思政课"建设的工作方案》（教社科〔2022〕3号）更是进一步明确了全面推进课程思政高质量建设的路径。

2017年12月，中共教育部党组颁发了《高校思想政治工作质量提升工程实施纲要》，构建了课程、科研、实践、文化、网络、心理、管理、服务、资助、组织等"十大"育人体系，要求"大力推动以'课程思政'为目标的课堂教学改革，优化课程设置，修订专业教材，完善教学设计，加强教学管理，梳理各门专业课程所蕴含的思想政治教育元素和所承载的思想政治教育功能，融入课堂教学各环节，实现思想政治教育与知识体系教育的有机统一"。

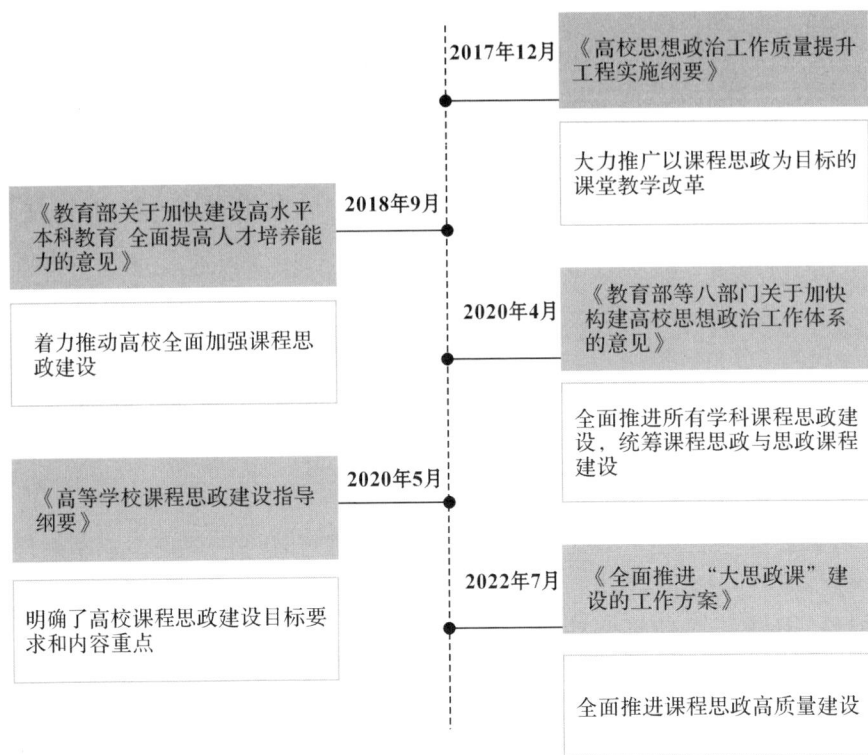

图 2-2　教育部关于课程思政建设部署的演进时间线

2018 年 9 月,《教育部关于加快建设高水平本科教育 全面提高人才培养能力的意见》明确提出强化课程思政和专业思政,即:"在构建全员、全过程、全方位'三全育人'大格局过程中,着力推动高校全面加强课程思政建设,做好整体设计,根据不同专业人才培养特点和专业能力素质要求,科学合理设计思想政治教育内容。强化每一位教师的立德树人意识,在每一门课程中有机融入思想政治教育元素,推出一批育人效果显著的精品专业课程,打造一批课程思政示范课堂,选树一批课程思政优秀教师,形成专业课教学与思想政治理论课教学紧密结合、同向同行的育人格局。"

2020 年 4 月,《教育部等八部门关于加快构建高校思想政治工作体系的意见》提出"全面推进所有学科课程思政建设。统筹课程思政与思政课程建设,构建全面覆盖、类型丰富、层次递进、相互支持的课程体系",并对公共基础课程、理学与工学类专业课程、农学类专业课程、医学类专业课程等的课程思政建设目标给予了指引。

2020 年 5 月,教育部印发《高等学校课程思政建设指导纲要》,强调"全面推进课程思政建设是落实立德树人根本任务的战略举措",明确了高校课程思政建设的目标要求和内容重点,为高等学校全面推进课程思政建设提供了指引。

2022 年 7 月,教育部等十部门印发《全面推进"大思政课"建设的工作方案》,提出要"全面推进课程思政高质量建设。教育部组建高等学校课程思政教学指导委员会,研制普通本科专业类课程思政教学指南,组织开展高校教师课程思政教学能力培训,建设一批课程思政系列共享资源库。建成一批课程思政示范高校,推出一批课程思政示范课程,选树一批课程思政教学名师和团队,建设一批高校课程思政教学研究示范中心"。

(二)教育部对高校课程思政建设部署的主要内容

在以上教育部出台的政策文件中,《高等学校课程思政建设指导纲要》是专门针对课程思政的文件。

《高等学校课程思政建设指导纲要》不仅给出了关于课程思政的清晰理解——"全面推进课程思政建设,就是要寓价值观引导于知识传授和能力培养之中,帮助学生塑造正确的世界观、人生观、价值观,这是人才培养的应有之义,更是必备内容",而且给出了关于课程思政建设的主要部署。它明确了课程思政的重要价值与本质属性——"全面推进课程思政建设是落实立德树人根本任务的战略举措"与"课程思政建设是全面提高人才培养质量的重要任务"。它提出了课程思政建设的内容重点(图 2-3),包括:推进习近平新时代中国特色社会主义思想进教材进课堂进头脑、培育和践行社会主义核心价值观、加强中华优秀传统文化教育、

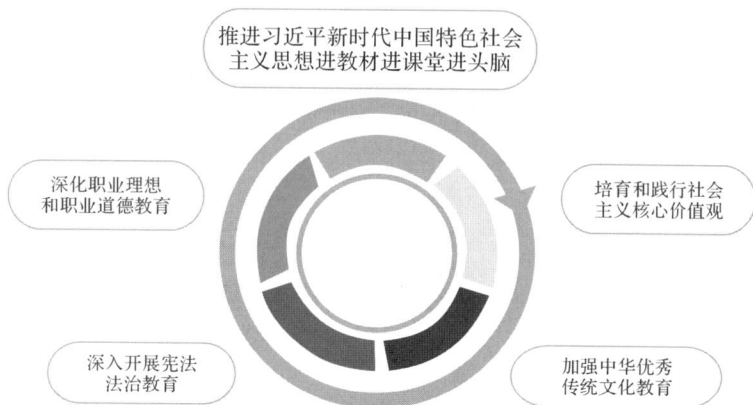

图 2-3　课程思政建设的内容重点

深入开展宪法法治教育与深化职业理想和职业道德教育。

《高等学校课程思政建设指导纲要》梳理了课程思政建设的主要任务,包括科学设计课程思政教学体系、结合专业特点分类推进课程思政建设、将课程思政融入课堂教学建设全过程、提升教师课程思政建设的意识和能力、建立健全课程思政建设质量评价体系和激励机制等。它还从加强组织领导、加强支持保障与加强示范引领方面提出了加强课程思政建设组织实施和条件保障。

二、各省市对高校课程思政建设的部署

在教育部出台《高等学校课程思政建设指导纲要》以后,各省、自治区、直辖市也纷纷据之出台自己的政策文件,部署高校课程思政建设。例如,江苏省出台了《关于深入推进全省高等学校课程思政建设的实施意见》(苏教高〔2020〕3号),上海市出台了《关于深入推进上海高校课程思政建设的实施意见》(沪教卫党〔2020〕186号),浙江省出台了《浙江省高校课程思政建设实施方案》(浙教高教〔2020〕61号),北京市出台了《全面推进北京高等学校课程思政建设工作方案》(京教高〔2021〕2号),山东省出台了《关于深入推进高等学校课程思政建设的实施意见》(鲁教高字〔2021〕4号),福建省出台了《关于全面推进高等学校课程思政建设的实施意见》(闽教高〔2021〕46号)。

(一)各省市高校课程思政建设的主要目标

各地均提出了明确的课程思政建设目标。

江苏省提出通过构建全面覆盖、类型丰富、层次递进、相互支撑的课程思政体系,促使课程思政的理念达成广泛共识。江苏省强调教师要坚守教书育人的主业,全面提升开展课程思政建设的意识和能力,进一步健全体制机制,提高高校立德树人成效,形成"校校有精品、门门有思政、课课有特色、人人重育人"的良好局面。

上海市提出围绕全面提高人才培养质量,构建起思想政治理论课为核心、综合素养课程为支撑、专业教育课程为辐射的高校课程思政育人体系。上海市强调完善管理制度,提升教师意识和能力,让课程思政理念深入人心,使课程思政建设全面融入学校现代治理体系。

浙江省提出五年内培育一批课程思政示范课程,选树一批课程思政基层教学组织和课程思政建设示范校,设立一批课程思政教学研究项目,建设一批课程思

政教学资源库和优秀案例,充分发挥示范典型的引领带动作用,全面形成广泛深入开展课程思政建设的良好氛围。

北京市提出在全市高校、全部学科专业中全面推进课程思政建设,促使课程思政的理念达成广泛共识。北京市强调不断完善课程思政工作体系、教学体系和内容体系,深入挖掘各类课程和教学方式中蕴含的思想政治教育资源。此外,北京市还强调着重全面提升广大教师开展课程思政建设的意识和能力,协同推进课程思政建设的体制机制基本健全。

山东省提出结合高校发展定位和人才培养目标,构建起全员参与、协同推进的课程思政工作体系,全面覆盖、类型丰富的课程思政内容体系,全程育人、相互支持的课程思政实施体系。山东省强调推进课程思政建设向纵深发展,提高人才培养质量和水平。

福建省提出构建全员全程全方位育人大格局。福建省强调充分发挥高校每门课程的思想政治教育功能,建设适应新时代要求的一流课程,构建全面覆盖、类型丰富、层次递进、相互支撑的课程思政体系,全面提升广大教师开展课程思政的意识和能力,健全协同推进课程思政建设的机制,完善课程思政教育教学体系。

综合上述各省市关于课程思政建设的主要目标,可以看出它们在以下方面有相似之处(图 2-4):

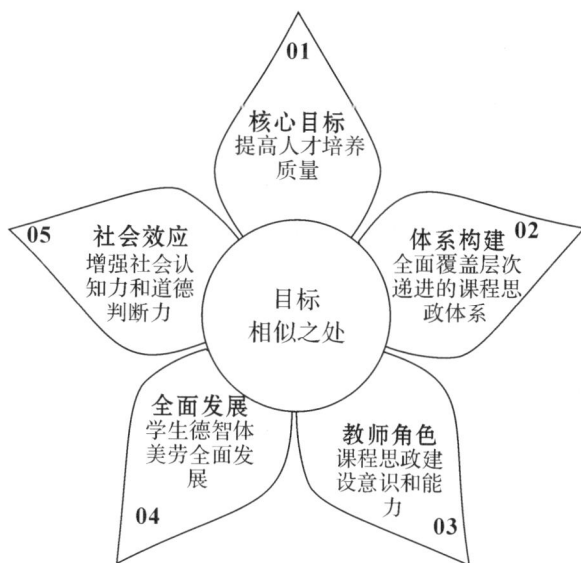

图 2-4　各地课程思政建设主要目标的相似之处

第一,核心目标。各省市的课程思政建设都围绕提高人才培养质量这一核心目标展开,通过将思想政治教育与各类课程融合,培养学生的思想政治觉悟、综合素养和社会责任感,深入落实立德树人根本任务。

第二,体系构建。各地都强调构建全面覆盖、层次递进的课程思政体系,确保思政教育贯穿于不同学科和层次的课程,从而形成协同推进的工作机制。这种体系的建立有助于让学生在不同学科领域都能受到思政教育的影响。

第三,教师角色。各地都注重提升教师的课程思政建设意识和能力。教师作为课程思政的实施者,承担着引导学生接受思政教育的重要职责。他们需要在课堂上激发学生的思考,引导学生树立正确的世界观、人生观、价值观。

第四,全面发展。各地都明确强调培养学生的全面发展。这不仅包括学术知识,还包括道德情操、综合素养、社会责任感等。这符合新时代中国培养德智体美劳全面发展的人才的要求。

第五,社会效应。各地通过课程思政建设,希望引领学生掌握事物发展规律,增强社会认知力和道德判断力。这反映了各省市对于高校培养具有社会责任感、于社会有用的人才的共同期望。通过思政教育,学生将更能理解社会发展的复杂性,从而做出正确的价值选择。

(二)各省市高校课程思政建设的主要任务

江苏省在出台的《关于深入推进全省高等学校课程思政建设的实施意见》中提出了全省高等学校课程思政建设的五大任务(图2-5),分别为:强化立德树人,落实课程思政主体责任;强化全面覆盖,设计课程思政教学体系;强化分类指导,推进专业课程思政建设;强化育人能力,提升教师课程思政素养;强化改革创新,深化课程思政建设研究。江苏省通过这些举措,深入推进全省高校课程思政建设,有效发挥各类课程育人作用,促进各类课程与思想政治理论课程同向同行,切实提高人才培养质量,构建全员全程全方位育人大格局。

江苏省《关于深入推进全省高等学校课程思政建设的实施意见》		
任务 1　强化立德树人，落实课程思政主体责任 学校层面要统筹制定全校课程思政实施方案。院系、专业层面要推动全体教师尤其是高水平教师参与课程思政工作。任课教师层面要不断提升课程思政能力。	**任务 2　强化全面覆盖，设计课程思政教学体系** 各类课程、教材要落实课程思政要求。公共基础课程着重培养思想道德修养、人文素质、科学精神等，专业教育课程要深度融合历史与现实、本土化与国际化、知识性与人文性等，实践教育类课程要注重学思结合、知行统一等。	**任务 3　强化分类指导，推进专业课程思政建设** 根据学科专业特点，深入挖掘专业课程所蕴含的课程思政元素，明确不同专业课程的思政目标，使专业课教师能在课程思政建设中找到自己的"角色"、干出自己的"特色"。
任务 4　强化育人能力，提升教师课程思政素养 依托平台，分区域、分学科专业领域开展经常性的课程思政典型经验交流、现场教学观摩、教师教学培训等活动，有计划、分批次对全省教师开展课程思政建设专题培训，加强教师课程思政育人能力建设。各高校也应行动起来。	**任务 5　强化改革创新，深化课程思政建设研究** 鼓励和支持广大教师开展多种形式的课程思政研究与实践。建设一批课程思政研究中心。在江苏省高校哲学社会科学研究项目中设立课程思政重大专项课题等。鼓励高校开展课程思政专题研究。	

图 2-5　江苏省开展高校课程思政建设的主要任务

上海市在出台的《关于深入推进上海高校课程思政建设的实施意见》中提出了上海高校课程思政建设的六大任务（图 2-6），包括：全面修订人才培养方案，不断提升学生的课程学习体验、学习效果；研制课程思政教学指南，建立课程思政操作规范；完善课程教学管理，融入课堂教学建设；加强教材建设与管理，强化源头管理；提升教师课程思政意识与能力，提高每一位教师参与课程思政建设的积极性与主动性；完善课程思政教学质量评价，推动质量评估经常化、制度化、规范化。上海市通过这些举措，聚焦立德树人根本任务，紧紧抓住教师队伍"主力军"、课程建设"主战场"、课堂教学"主渠道"，厚植红色基因、拓展全球视野、培养创新思维，深入推进习近平新时代中国特色社会主义思想进教材进课堂进头脑，努力培养担当民族复兴大任的时代新人，培养德智体美劳全面发展的社会主义建设者和接班人。

《关于深入推进上海高校课程思政建设的实施意见》		
任务 1 全面修订人才培养方案 公共基础课程、专业教育课程与实践类课程,围绕课程思政建设内容,全面修订人才培养方案,不断提升学生的课程学习体验、学习效果。	**任务 2 研制课程思政教学指南** 以专业类别为基础单位,结合不同课程特点、思维方法和价值理念,深入挖掘课程思政元素,建立课程思政操作规范。	**任务 3 完善课程教学管理** 高校课程思政要融入课堂教学建设,落实到课程目标设计、教学大纲修订、教材编审选用、教案课件编写各方面,贯穿于课堂授课、教学研讨、实验实训、作业论文各环节。
任务 4 加强教材建设与管理 把牢教材的意识形态和价值取向,强化源头管理,建立完善教材规划编写选用和审核机制。加大教材建设力度。讲好用好教育部马克思主义理论研究和建设工程重点教材。加强教材质量监控和评价机制建设。	**任务 5 提升教师课程思政意识与能力** 发挥教师的主体作用。建立和完善课程思政培养培训体系。搭建课程思政建设交流平台。充分发挥教研室、教学团队、课程组等基层教学组织作用。建立课程思政集体教研活动。鼓励支持专业课教师与思政课教师联合开展教研活动。	**任务 6 完善课程思政教学质量评价** 充分发挥专家组织作用,研究制订课程思政评价标准。加强课程思政教学过程管理,开展经常化、制度化、规范化的质量评估。加大对课程思政建设优秀成果的支持力度。

图 2-6 上海市开展高校课程思政建设的主要任务

浙江省在出台的《浙江省高校课程思政建设实施方案》中从体系、课程、课堂、资源、教师与激励六个方面提出了主要任务(图 2-7),强调:科学设计全面覆盖、类型丰富的教学体系,明确课程思政目标要求;着力打造育人特色鲜明的高水平课程,提升课程思政建设质量;有机融入课堂教学全过程,创新课程思政教学;建设具有浙江特色的课程资源,丰富课程思政内涵;提高教师课程思政教学意识和能力,确保课程思政落到实处;建立评价激励机制,提升课程思政实效性。通过开展这些任务,浙江全面推进高校课程思政建设,强化课程育人功能,提升课程育人实效,着力构建符合人才成长规律、体现时代要求、彰显浙江特色的课程思政体系,培养德智体美劳全面发展的社会主义建设者和接班人。

《浙江省高校课程思政建设实施方案》		
任务 1　科学设计全面覆盖、类型丰富的教学体系，明确课程思政目标要求 坚持将思想政治教育贯穿人才培养体系。 结合专业特点分类推进课程思政建设。	**任务 2　着力打造育人特色鲜明的高水平课程，提升课程思政建设质量** 课程思政是一流本科课程和职业教育精品在线开放课程的重要内容。 强化示范引领，培育一批以专业课为主体的课程思政示范课程。	**任务 3　有机融入课堂教学全过程，创新课程思政教学** 融入课堂教学建设。 创新课堂教学模式。 强化第二课堂育人实效。
任务 4　建设具有浙江特色的课程资源，丰富课程思政内涵 建好用好课程思政教材。 建立完善课程思政教学资源库。 建设课程思政资源信息化平台。	**任务 5　提高教师课程思政教学意识和能力，确保课程思政落到实处** 聚焦育人意识，加强师德师风建设。 聚焦能力培养，提高教师课程思政教学能力。 聚焦教学教研，构建课程思政研究体系。	**任务 6　建立评价激励机制，提升课程思政实效性** 抓机制建设，压实主体责任。 抓价值引领，优化评价体系。 抓教学效果，健全激励机制。

图 2-7　浙江省开展高校课程思政建设的主要任务

北京市在出台的《全面推进北京高等学校课程思政建设工作方案》中明确了北京各高校开展课程思政建设的重点任务(图 2-8)，包括：准确把握课程思政建设内容、强化课程思政教学体系建设、结合专业特点分类推进课程思政建设、将课程思政融入课堂教学建设全过程、提升教师课程思政建设的意识和能力。北京市通过开展这些任务，全面贯彻党的教育方针，落实立德树人根本任务，主动服务国家重大战略和北京"四个中心"城市功能定位，提升高校育人水平，将价值塑造、知识传授和能力培养三者融为一体，使各类课程与思政课程同向同行，将显性教育和隐性教育相统一，构建全员全过程全方位育人格局，培养德智体美劳全面发展的社会主义建设者和接班人。

| 《全面推进北京高等学校课程思政建设工作方案》 |

任务1 准确把握课程思政建设内容	任务2 强化课程思政教学体系建设	任务3 结合专业特点分类推进课程思政建设
深入推进习近平新时代中国特色社会主义思想进教材进课堂进头脑,持续培育和践行社会主义核心价值观,不断加强中华优秀传统文化教育,深入开展宪法法治教育,深化职业理想和职业道德教育。	要有针对性地修订人才培养方案。要根据不同课程的特点和要求,分别明确公共基础课、专业课、实践类课程的课程思政建设重点,坚持学生中心、产出导向、持续改进,优化课程设置,不断提升学生的课程学习体验和学习效果。	深入梳理专业课教学内容,结合不同专业课程特点、思维方法和价值理念,深入挖掘课程思政元素,有机融入课程教学,达到润物无声的育人效果。

任务4 将课程思政融入课堂教学建设全过程	任务5 提升教师课程思政建设的意识和能力
高校课程思政要融入课堂教学建设,作为课程设置、教学大纲核准和教案评价的重要内容,落实到课程目标设计、教学大纲修订、教材编审选用、教案课件编写各方面,贯穿于课堂授课、教学研讨、实验实训、作业论文各环节。	推动广大教师进一步强化育人意识,找准育人角度,提升育人能力。要加强教师课程思政能力建设,建立健全优质资源共享机制,分类型、分学科专业领域开展经常性的典型经验交流、现场教学观摩、教师教学培训等活动。

图 2-8　北京市开展高校课程思政建设的主要任务

山东省在出台的《关于深入推进高等学校课程思政建设的实施意见》中提出了高校课程思政建设的六大任务(图2-9),包括:构建科学合理的课程思政教学体系、将课程思政融入课程教学全过程、拓展课程思政建设方法和途径、建强课程思政教师队伍"主力军"、健全课程思政教学质量监控体系、打造高校课程思政齐鲁样板。山东省通过这些举措,全面贯彻党的教育方针,坚持社会主义办学方向,落实立德树人根本任务,把思想政治教育贯穿人才培养体系,发挥好教师队伍"主力军"、课程建设"主战场"、课堂教学"主渠道"作用,深入挖掘各类课程、各培养环节的育人功能,形成育人合力,全面提高人才培养质量,培养德智体美劳全面发展的社会主义建设者和接班人。

<table>
<tr><td colspan="3" align="center">山东省《关于深入推进高等学校课程思政建设的实施意见》</td></tr>
<tr>
<td>**任务 1　构建科学合理的课程思政教学体系**
修订人才培养方案,将课程思政融入人才培养体系,建立专业思政目标体系。制定课程思政教学标准,规范不同学科门类课程思政教学目标、教学内容、教学设计和教学过程。完善课程思政教学体系。</td>
<td>**任务 2　将课程思政融入课程教学全过程**
科学设计课程教学,切实将思政教育融入教育教学全过程。严格课程教材选用,确保教材选用坚持正确价值导向。健全课堂管理制度,确保对课堂教学质量进行全过程有效管理。</td>
<td>**任务 3　拓展课程思政建设方法和途径**
创新课堂教学方式,推进混合式、问题式、案例式教学改革。改革课程考核方式,将思政元素纳入课程考核。利用"互联网＋思政"模式,提升课程思政建设的现代化水平。</td>
</tr>
<tr>
<td>**任务 4　建强课程思政教师队伍"主力军"**
发挥榜样示范引领作用,引导教师将课程思政建设融入教学。加强课程思政教学能力培训。建立完善集体研讨制度,建立多维立体的课程思政模式。设立课程思政专项研究项目。</td>
<td>**任务 5　健全课程思政教学质量监控体系**
将课程思政建设成效纳入高校工作评价。构建课程思政教学质量保障与评价机制,从教学内容、教材选择、教学方法、教学效果等方面加强对课程思政效果的综合评价。</td>
<td>**任务 6　打造高校课程思政齐鲁样板**
实施课程思政建设工程,深入挖掘齐鲁优秀文化资源,打造课程思政"一校一特色"山东品牌。做好典型经验推广,宣传好、推广好、应用好课程思政示范项目建设成果。</td>
</tr>
</table>

图 2-9　山东省开展高校课程思政建设的主要任务

福建省在出台的《关于全面推进高等学校课程思政建设的实施意见》中提出了高校课程思政建设的七大任务(图 2-10),包括科学修订培养方案、分类推进课程思政、创新课堂思政方式、提升教师育人能力、完善课程思政评价、深化课程思政研究与优化课程思政管理。福建省通过这些举措,全面推进高校课程思政建设,发挥好每门课程的育人作用,提高高校人才培养质量。

福建省《关于全面推进高等学校课程思政建设的实施意见》

任务 1 科学修订培养方案	任务 2 分类推进课程思政	任务 3 创新课堂思政方式	任务 4 提升教师育人能力
结合办学定位和专业人才培养目标，围绕课程思政建设核心内容，全面科学修订人才培养方案。	结合不同学科专业、不同类别课程的属性特点，系统挖掘和梳理各学科专业的课程思政参考元素和案例，编制学科专业课程思政教学指南，建立课程思政操作规范。	推广采用案例式、互动式、探究式教学，开展课程思政教法创优行动，推进现代信息技术在课程思政教学中的应用，统筹推进课堂教学、实践教学、网络教学建设。	加强教师课程思政能力建设，将课程思政纳入教师师德师风、岗前培训、在岗培训和教学能力专题培训等，努力提升学科专业教师思政育人与专业课教学的有机融合能力。

任务 5 完善课程思政评价	任务 6 深化课程思政研究	任务 7 优化课程思政管理
将课程思政建设纳入"双一流"、应用型高校、"双高计划"建设和学科评估、本科教学评估、一流专业及一流课程建设等评价考核。高校要将课程思政建设纳入院系教学绩效考核。	鼓励和支持广大教师开展多种形式的课程思政研究与实践。统筹资源重点打造一批国家级、省级、校级、院（系）级课程思政研究示范中心。在省级、校级教改研究项目中优先支持课程思政类、专业思政类研究课题。	全面修订完善人才培养各环节规章制度。健全课堂教学管理体系，改进课堂教学过程管理。完善教材规划编写选用和审核机制，加强教材质量监控和评价机制建设。

图 2-10　福建省开展高校课程思政建设的主要任务

　　综上所述，江苏、上海、浙江、北京、山东、福建等省市围绕培养德智体美劳全面发展的社会主义建设者和接班人以及围绕培养担当民族复兴大任的时代新人，出台了体现各地特色的关于推进高校课程思政建设的实施方案或实施意见。这些实施方案或实施意见明确了各地高校课程思政建设的重点任务，对其的归纳如表 2-1 所示。

　　从表 2-1 可见，各地在高校课程思政建设的主要任务上虽各具特色、有所差异，但在关注重点上有着显著的共通之处。

　　第一，各地都致力于将课程思政融入教学全过程。上海市提出研制课程思政教学指南，不仅明确了公共基础课程、专业教育课程、实践类课程的课程思政建设重点，还强调课程思政元素在课程设置、教学大纲核准、教案编写、课堂授课、实验实训等环节的贯穿，并建立课程思政操作规范。类似地，山东省强调将思政教育融入课程设置、教学大纲核准等各个环节，通过实现课程思政全面渗透，培养学生的家国情怀、社会责任感和创新精神。

表 2-1　部分省市开展高校课程思政建设的主要任务

省市名称	主要任务
江苏省	强化立德树人,落实课程思政主体责任
	强化全面覆盖,设计课程思政教学体系
	强化分类指导,推进专业课程思政建设
	强化育人能力,提升教师课程思政素养
	强化改革创新,深化课程思政建设研究
上海市	全面修订人才培养方案
	研制课程思政教学指南
	完善课程教学管理
	加强教材建设与管理
	提升教师课程思政意识与能力
	完善课程思政教学质量评价
浙江省	科学设计全面覆盖、类型丰富的教学体系,明确课程思政目标要求
	着力打造育人特色鲜明的高水平课程,提升课程思政建设质量
	有机融入课堂教学全过程,创新课程思政教学
	建设具有浙江特色的课程资源,丰富课程思政内涵
	提高教师课程思政教学意识和能力,确保课程思政落到实处
	建立评价激励机制,提升课程思政实效性
北京市	准确把握课程思政建设内容
	强化课程思政教学体系建设
	结合专业特点分类推进课程思政建设
	将课程思政融入课堂教学建设全过程
	提升教师课程思政建设的意识和能力
山东省	构建科学合理的课程思政教学体系
	将课程思政融入课程教学全过程
	拓展课程思政建设方法和途径
	建强课程思政教师队伍"主力军"
	健全课程思政教学质量监控体系
	打造高校课程思政齐鲁样板
福建省	科学修订培养方案
	分类推进课程思政
	创新课堂思政方式
	提升教师育人能力
	完善课程思政评价
	深化课程思政研究
	优化课程思政管理

第二,各地都将培养学生的核心素养作为追求的目标。浙江省注重通过课程思政教育培养学生的社会主义核心价值观,大力弘扬"红船精神""浙江精神",推动学生实现德智体美劳全面发展。北京市强调通过强化社会主义核心价值观和中华优秀传统文化教育,以及职业理想和职业道德教育,塑造学生的道德情操,提升学生的个人素质。

第三,各地都强调强化教师培训和提高教师课程思政意识和能力。江苏省提出通过教师培训、资源共享等方式,推动教师加强育人意识,提升育人能力,确保课程思政建设得以有效实施。北京市提出建立培训体系,鼓励课程思政教师与专业课教师合作,通过交流平台、经验交流、教师培训等方式促进优质资源的共享。这些举措有助于提升教师的教学水平和育人能力。

第四,各地都重视建立评价机制和质量监控体系。山东省强调将课程思政建设纳入高校工作评价体系,建立多维度的评价体系,实现思政教育与专业课程的有机融合。浙江省强调设立评价体系和监督机制,将教师参与和成效纳入教师评价体系,通过激励机制激发教师的积极性和创造性。

第三章

高校课程思政建设研究态势、热点与展望

　　我国高等教育领域紧紧围绕立德树人根本任务,不断推进课程思政的理论与实践创新发展,形成了新时代中国特色社会主义教育理论体系的生动实践。全国高校思想政治工作会议以来,课程思政相关理论研究以及实践都得到了长足发展。系统梳理高校课程思政建设研究现状、进展与趋势,对推进课程思政高质量建设具有重要意义。鉴于此,本章通过梳理已有研究,在综合分析的基础上概述当前课程思政研究的基本态势与研究热点,分析其中存在的问题与未来研究趋势,为深化课程思政理论研究与实践创新提供参考。

第一节　课程思政研究态势

　　本章以在中国知网中所搜集得到的课程思政相关文献为研究对象,从整体上分析该领域的研究概况。具体以"课程思政"为检索词,文献来源类别设定为CSSCI 期刊,文献检索起点为 2000 年 1 月 1 日,截止日期为 2023 年 8 月,共检索到 1349 条文献。下文将从发文量走势、核心作者与发文量、研究机构、发文期刊、高被引论文、资助基金分布这六个方面,对搜索得到的文献进行分析。

一、发文量走势

发文量走势在一定程度上反映了该领域的发展趋势。如图 3-1 所示,课程思政研究大概可分为三个阶段。2000—2013 年是萌芽阶段,仅有零星的相关研究,十几年发文量仅 21 篇。2014—2016 年是起步探索阶段,3 年期间发文量总计 18 篇,其内容主要涉及思政课程设置、思政师资队伍建设、高职院校思政实践等。2017—2023 年是快速发展阶段,学术界对课程思政的关注持续增强,相关研究数量飙升。

究其原因,与当时历史实践背景大有关系。2014 年,上海市率先提出课程思政概念,印发《上海市教育综合改革方案(2014—2020)》,将德育纳入教育改革的重点,由此开始了"课程思政"的实践探索。2016 年习近平总书记在全国高校思想政治工作会议上对课程思政做出重要部署,2017 年印发了《关于加强和改进新形势下高校思想政治工作的意见》,2020 年印发了《关于加快构建高校思想政治工作体系的意见》和《高等学校课程思政建设指导纲要》,国家出台的一系列政策为课程思政实施提供了具体路径,反映了国家层面的重视。与此同时,学术界快速响应,掀起课程思政的研究热潮,催生了一系列研究成果,推动相关研究走向深入。

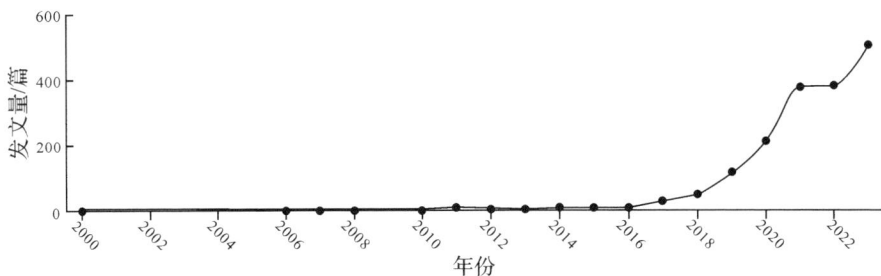

图 3-1　2000—2022 年课程思政研究发文数量走势

二、核心作者与发文量

论文是科学研究成果的载体。论文发表数量在一定程度上反映了研究人员对某一学科研究主题的关注度,高水平期刊发表的论文数量更具代表性。经查询统计,在 CSSCI 期刊中课程思政主题发文量前三的作者分别为赵富学、韩宪洲和董翠香,发文量分别为 15 篇、10 篇、8 篇。黄国文、陈峻、陆道坤等 23 位研究者发文量在 3～5 篇。这些研究者构成了课程思政研究的核心主体,其所在研究机构主要集中于北京、上海、武汉、广州等一线城市。

其中,赵富学主要聚焦于体育课程思政建设及其分段推进路径(丰涛、赵富学,2023)、课程思政内生素材向优质案例转化研究(赵富学等,2022a,2023)、课程思政提质增效创新方法(赵富学等,2022b)等方面。韩宪洲分别从理论与实践维度阐述了课程思政内在逻辑(韩宪洲,2021)、方法论(韩宪洲,2020a)、实践要求(韩宪洲,2023)、创新路径(韩宪洲,2020b)。董翠香具体讨论了体育教育等专业课程思政元素确立依据(董翠香等,2021)、体育专业课程思政教学问题与消解策略(董翠香等,2022)、体育专业课程思政理论审视与实践路径(樊三明等,2022)。论文发文量排名前三的作者中,有两位作者均是结合体育专业的特点展开,体现了体育专业对课程思政的重视,同时也反映出课程思政研究在体育专业的进一步落地。

三、研究机构

对文献发表机构的分析有助于了解课程思政研究核心力量分布情况。在 CSSCI 期刊上的发文量在 10 篇以上的相关机构,除高等教育出版社一家机构外,其余均为高等院校。

从研究机构的地理分布来看,目前国内课程思政的研究力量呈现出分布不均的态势,其核心力量主要集中在北京和上海等一线城市的高等院校,在发文数量前 30 名的机构里,来自北京和上海的高校共计 13 所。

"课程思政"的概念最早在上海提出(由上海市委、市政府提出),并在北京、上海等多所高校率先开展。在理论研究与实践推广方面,这些高校的相关研究已形成鲜明的特色,并形成较大的影响力。其中,华东师范大学、复旦大学入选了 2019 年"上海高校课程思政整体改革领航高校",其课程思政方面的有益探索成为全国高校课程思政建设的样板。

近年来,中国人民大学和清华大学高度重视课程思政工作,为落实《高等学校课程思政建设指导纲要》要求,两所高校以"立德树人"为根本任务,从规划设计、教师培训、激励考核、条件保障、课程建设等方面着力,多次开展以"课程思政建设"为主题的网络培训工作、讲座和团日活动等,将课程思政理论与实践教学不断融合,不断创新教育教学模式。

除北京、上海之外,发文量较高的机构主要集中在吉林、南京、武汉等地区的高校。这些地区是高等教育机构相对聚集的区域,在高等教育人才培养方面具有较强的优势,这在一定程度上也促成了这些地区课程思政研究成果涌现,成为课程思政理论研究和实践发展的重要基地。

四、发文期刊

对刊载课程思政文献的 CSSCI 期刊进行统计分析,发现课程思政研究成果大多发表在外语、体育、教育学三个专业,以及人文社科等领域的期刊上(图 3-2)。其中,刊载课程思政研究成果排名前三的 CSSCI 期刊分别来自外语与体育学科的专业期刊。可见,外语与体育专业对课程思政研究较为重视,发文量也较高。通过进一步检索分析发现,发表在这三种期刊上的研究,主要围绕高校英语课程思政内容建设,外语专业教师课程思政教学能力现状与发展需求,大学外语课程思政教学评价量表开发,翻译课程思政建设现状、问题与实践路径探讨,翻译专业课程思政教育创新,高校公共体育课程的价值意蕴、目标指向、实践路径,课程思政元素的挖掘等方面,这些选题体现了专业领域内课程思政研究的热点。同时值得注意的是,目前课程思政研究成果在其他专业期刊的发文量较少,这也凸显出目前课程思政研究存在学科分布不均衡的问题。

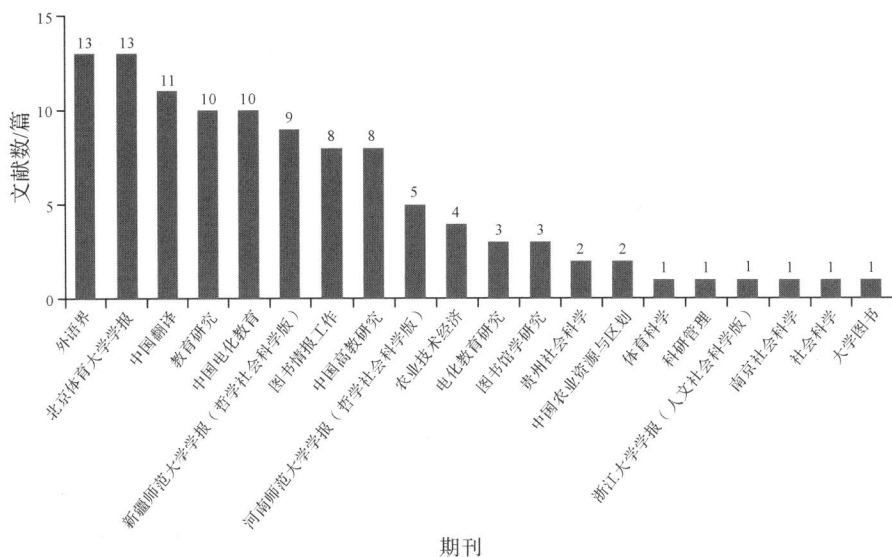

图 3-2　课程思政研究发文期刊(CSSCI)及其发文统计

五、高被引论文

学术论文的引用量是衡量研究质量水平和影响力的重要指标之一,高被引论文对某一领域的研究趋势与方向通常发挥着较大的影响作用。按照知网数据库中CSSCI论文被引频次排序,整理出课程思政领域排名前10位的高被引论文,如表3-1所示。

表 3-1　课程思政最具影响力的高被引论文(前10位)

序号	文献	作者	期刊	发表年份	被引频次
1	从思政课程到课程思政:从战略高度构建高校思想政治教育课程体系	高德毅,宗爱东	《中国高等教育》	2017	3828
2	课程思政:有效发挥课堂育人主渠道作用的必然选择	高德毅,宗爱东	《思想理论教育导刊》	2017	2486
3	课程思政的价值意蕴与生成路径	邱伟光	《思想理论教育》	2017	2254
4	课程思政推行中若干核心问题及解决思路:基于专业课程思政的探讨	陆道坤	《思想理论教育》	2018	1894
5	新时代课程思政的内涵、特点、难点及应对策略	王学俭,石岩	《新疆师范大学学报(哲学社会科学版)》	2020	1446
6	课程思政建设的关键问题与解决路径	高燕	《中国高等教育》	2017	1109
7	"思政课程"到"课程思政"发展的内在逻辑及建构策略	何红娟	《思想政治教育研究》	2017	913
8	课程思政建设必须牢牢把握五个关键环节	李国娟	《中国高等教育》	2017	869
9	"课程思政"与"思政课程"同向同行的理论阐释	邱仁富	《思想教育研究》	2018	805
10	专业教师实践"课程思政"的逻辑及其要领:以理工科课程为例	余江涛,王文起,徐晏清	《学校党建与思想教育》	2018	744

注:表中数据截至2023年8月。

从高被引论文发表期刊维度分析,10篇高被引论文中,在《中国高等教育》与《思想理论教育》发表的论文共计5篇,其被引用量也处于领先地位,说明这两种期刊在课程思政研究领域的影响力较大。

从高被引论文的发表时间维度分析,这些论文大多发表于2017—2018年。课程思政自2017年被正式提出以来,便得到广泛关注。研究者们对课程思政的内涵、价值、特征等进行了阐述与界定,并对课程思政的内在逻辑、关键环节、实施路径等展开了理论探讨与实践分析,这些研究成果对后续研究产生了深远影响。

其中被引用量排名第一的论文为高德毅和宗爱东(2017)发表的《从思政课程到课程思政:从战略高度构建高校思想政治教育课程体系》。截至2023年8月,其被引用量高达3828次。该论文阐述了课程思政与思政课程之间的区别以及高校实施课程思政改革的理念与思路,为后续研究奠定了基础。高德毅和宗爱东(2017)发表的另一篇论文《课程思政:有效发挥课堂育人主渠道作用的必然选择》,截至2023年8月,被引用量高达2486次。该论文在总结上海学校思想政治教育课程改革不足的基础上,论述了发挥课堂育人主渠道作用的实践路径,并为后续研究指明了方向。邱伟光(2017)发表的《课程思政的价值意蕴与生成路径》,截至2023年8月,被引用量高达2254次。该论文阐述了课程思政实施的重要价值与价值本源以及课程思政的生成路径,其论述对后续研究产生了深远影响。

六、资助基金分布

论文是基金资助投入产出的主要形式之一,论文的数量与质量是评价基金资助效果的有效方式。基金立项对科研产出会产生直接影响,不仅提供了开展研究的物质支持,更是对科研人员研究方向与内容的认可,能够提高其科研信心,促进科研产出。图3-3展示了CSSCI期刊中课程思政相关主题论文的基金资助情况。从基金资助来源可以看出课程思政研究受到国家以及各省市的支持。资助来源排名前三的基金分别为国家社会科学基金、教育部人文社会科学研究项目、全国教育科学规划项目,体现了国家层面对课程思政研究的高度重视。此外,国家级基金每年审批的课题都是学科发展的关键问题,具有学科研究引导功能,故而论文的基金资助分布可以反映出课程思政研究已成为人文社科学术研究领域的关注重点。

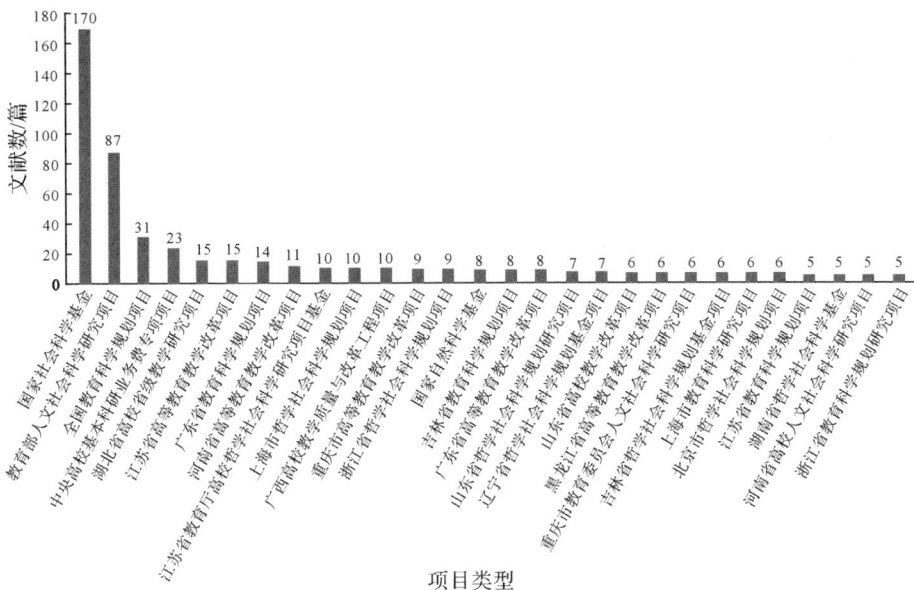

图 3-3　CSSCI 期刊中课程思政研究的基金资助分析

第二节　研究热点分析

一、课程思政理论研究

目前课程思政的理论研究逻辑框架已逐渐形成,研究内容主要围绕课程思政的内涵、课程思政与思政课程的关系辨析、课程思政建设的价值等几个主要方面展开。下面结合已有研究具体阐述。

(一)课程思政的内涵特征

目前有关课程思政的内涵概念尚未形成统一界定,研究者们从不同视角对这一概念进行了界定。

宏观层面,韩宪洲(2019)提出课程思政是用来指导高校各门各类课程充分发挥思想政治教育功能,形成"全课程育人"格局的一种新时代教育理念。邱伟光(2017)认为课程思政是指高校教师在传授课程知识的基础上引导学生将所学的知识转化成内在德性,转化为自己精神系统的有机构成,转化为自己的一种素质或能力,成为个体认识世界与改造世界的基本能力和方法,最终实现立德树人润物无声的目的。

还有部分研究者从具体实施层面对课程思政内涵进行了界定。如高德毅和宗爱东(2017)指出课程思政实质上是一种课程观,不是增开一门课,也不是增设一项活动,而是将高校思想政治教育融入课程教学和改革的各环节、各方面,实现立德树人润物无声。陆道坤(2018)认为课程思政是将思想政治教育融入课程教学的各环节、各方面,以"隐性思政"的功用与"显性思政"一道,共同构建全课程育人格局。

课程思政的多维诠释,为从多角度剖析课程思政的本质以及有效推进课程思政研究走向深入提供了基础的理论支撑。

(二)课程思政与思政课程的关系辨析

对于课程思政与思政课程的关系,研究者们从课程属性、教学内容、课程功能等不同角度进行了辨析。

首先,从课程属性维度分析,高德毅和宗爱东(2017)指出高校所有课程可划分为思想政治教育显性课程与隐性课程:显性课程即高校的思想政治理论课,在高校思想政治教育中起到价值引领作用;隐性课程即课程思政,包含综合素养课程和专业课程,主要在专业知识传授中发挥主流价值的深化与拓展作用;两者相辅相成、同向同行。

其次,从教学内容维度分析,思政课程主要侧重于思想政治理论方面,主要内容包括四门必修课以及形势政策课,强调系统的思想政治理论教育;而思政课程强调在各类专业课程中增强政治意识与思想价值引领(石书臣,2018)。

最后,从课程功能维度分析,课程思政与思政课程虽都是基于立德树人的框架,其内在具有较强的契合性,但两者在功能上各有侧重。思政课程的功能主要侧重于教授系统的思想政治理论知识,而课程思政的侧重点在于通过思想价值教育的融入,更好地促进学生学科专业知识的学习以及功能的发挥(石书臣,2018)。两者同向同行、协同育人的关键在于发挥思政课程对课程思政的领航、引领作用(王瑞,2021)。

(三)课程思政建设的价值

价值研究是课程思政研究的本源问题,其相关探析主要从宏观、中观、微观三个层面展开。

在宏观层面,研究者从社会主义核心价值观、中国传统教育、国家发展等角度进行了分析。如伍醒和顾建明（2019）指出课程思政是社会主义核心价值观所倡导的精神，是国家意志在高等教育领域的精神呈现。王海威和王伯承（2018）提出课程思政是中国传统教育的延续，是新时代国民教育的强化，是中国特色社会主义文化自信的呈现。王秀阁（2019）指出课程思政是国家发展战略的需求，是教育的根本任务。

在中观层面，研究者主要从学校层面进行了探讨。邱伟光（2017）提出课程思政是高校加强和改进思想政治工作的客观需要，是高校推动课堂教学改革的重要抓手。韩宪洲（2018）从发展、理论和实践三个层面论述了课程思政建设对于建设中国特色社会主义一流大学的重要意义。

在微观层面，研究者从学生、课程等层面对其价值进行了探析。如研究者认为课程思政在引导学生塑造人格、提升道德水平方面具有重要作用，课程思政对大学生具有提升人文素养、价值引领等方面的魅力（肖香龙，朱珠，2018）。课程思政有助于形成一个以思政课为核心，包括其他课程在内的广义课程思想政治系统，其广泛性与多样性有利于更好地发挥思想政治教育吸引力（刘建军，2020），是提升高校思想政治教育时效性的重要渠道。

二、课程思政实践研究

自课程思政提出以来，研究者们立足于实践过程中的关键问题，依据相关理论成果展开讨论，为埋论与实践的融合与"对话"搭建平台。课程思政实践研究主要聚焦于课程思政实施过程中的共性问题，包括课程思政建设路径研究、多学科的课程思政实践研究以及课程思政评价研究等方面，具体综述如下。

（一）课程思政建设路径研究

研究者从课程思政顶层设计、队伍建设、"同向同行"的机制探索等几个方面对课程思政的建设路径进行了探讨。

第一，课程思政的顶层设计研究。其制度机制研究"自上而下"的特色较为浓厚，主要站在全局高度提出宏观建设意见，如肖香龙和朱珠（2018）提出课程思政应从发展理念、平台建设、机制建设等几方面推进。娄淑华和马超（2021）站在新时代的历史高度，提出在顶层设计中统筹支撑，在实践操作中优化提升，在机制完善中驱动评估，以稳步推进课程思政落地生根。

第二，课程思政的队伍建设研究。高校教师是课程思政实施的关键主体，戴健

(2020)强调课程思政教师队伍建设要从组成、目标、氛围以及归属等出发,形成团队合力以确保课程思政建设的高效推进。王莹和孙其昂(2021)指出教师的政治底蕴是课程思政建设的深层次支撑和持久驱动力,加强教师的政治底蕴建设是其中的关键。

第三,"同向同行"的协同机制研究。主要集中于探索"全学科育人"教学体系的构建方式,以立德树人为目标引领,实现第一专业课堂与第二实践课堂相融合(石定芳,廖婧茜,2021),探索课程思政实现全课程覆盖、全要素融入和全过程保障的机制,并推动从专业知识教学到全方位培养教育模式的转变(易鹏,王永友,2021)。

(二)多学科的课程思政实践研究

立足于课程思政实施层面,目前高校已在人文社科、理工、医学等学科对课程思政实施的具体教学方法、教材、资源建设等方面进行了深入探索,课程思政建设路径逐渐清晰。

第一,探索课程建设。各学科结合其专业特色,挖掘思政元素,在具体教学实践中寻找课程思政切入点,探讨课堂教学中课程实施的有效路径(蔡小春等,2019)。课程建设的探索呈现出从早期以通识课和公共课为主逐渐过渡到目前以专业课为主的发展趋势。

第二,教学改革与创新。主要侧重于培养方案、教学大纲、教学方法等方面的改革创新。结合课程思政的宗旨,各大高校逐步开始修订专业培养方案、教学大纲、课程目标,在其中融入思政元素。教学方法上,慕课、SPOC(小规模限制性在线课程)、互动式教学、实践教学+情景教学、数字化转型下课程思政实施路径等的相关研究与实践不断涌现(翟峥,王文丽,2021;强飙,2017;卢诚,2007),课程思政教学与现代教育技术深度融合逐渐受到重视(赵洱崠等,2018)。

第三,教学资源建设多维度推进。课程思政的教学资源建设呈现出多维度、多层面特征。如部分高校相继出版了课程思政相关教材,设立课程思政研究示范中心,搭建案例库等。同时第三方课程思政资源库也相继建立,如新华网高校课程思政教学资源服务平台、人民网课程思政教育资源库、中科软股教育科技课程思政资源库等。

(三)课程思政评价研究

课程思政评价在课程思政建设过程中备受关注。课程思政评价是对课程思政实践是否达到预期目标和效果,以及达到程度的价值判断,能够为课程思政建设及其实施效果提供实际参考。课程思政评价的相关研究主要集中于指标筛选与体系构建、评价机制建构、评价理念与策略等方面。

第一,指标筛选与体系构建。如王岳喜(2020)从学校、专业、课程、教师、学生等层面,制定了包括 5 个一级指标、15 个二级指标、43 个三级指标的高校课程思政评价体系。许祥云和王佳佳(2022)基于 CIPP 评价模式的理论框架,以教育部《高等学校课程思政建设指导纲要》等政策文本和质性访谈结果为依据,构建了"背景评价、输入评价、过程评价和结果评价"四维结构,并分离出政治环境、课程资源、教学方案、教学效果等 11 个二级指标,且对相关指标进行赋值,最后构建出评价指标体系。

第二,评价机制建构。如胡洪彬(2022)提出课程思政的教学质量评价体系要实现科学建构,应立足于课程思政教学质量评价的主体、客体、内容和程序等要素,对"谁来评价""去评价谁""评价什么""如何评价"等命题进行明确,从而确保课程思政教学质量评价体系实现规范运作和科学展开。张瑞和覃千钟(2021)分析了课程思政教学评价的实践阻力,并从根植德育目标导向、基于课程创新取向、立足跨学科实践转向、形成评价主体多元化倾向等方面提出化解机制。

第三,评价理论与策略研究。如刘永林(2022)提出了高校课程思政教学评价负面清单理念,并基于第四代评价理论,阐述了编制负面清单的主要依据、基本准则和负面清单的主要内容。朱平(2020)提出了高校课程思政的动力激励理念,并认为应同时完善包括外在激励与内在激励、导向性激励与约束性激励在内的激励体系。

第三节　研究反思与展望

一、研究反思

自 2017 年以来,课程思政相关研究持续深入,快速积聚,成为教学改革研究的热点。理论与实践研究从多角度展开,呈现积极态势。但"繁荣"背后的"隐忧"逐渐浮现,现有研究中仍存在一些难点或不足之处。

（一）研究深度与系统性不足，理论与实践研究难以形成合力，缺乏经典模式提炼

第一，理论研究的深度不足。近年来课程思政的相关研究数量虽不断地快速增长，但存在明显的重复性，缺乏从整体层面探索课程思政科学模式以及课程思政教学改革的学理分析，同时一些课程思政实践脱离应有轨道或存在机械照搬的现象。

第二，研究成果系统性不足。思政课要建设好，必然需要系统构建课程思政研究的理论体系，形成完备的理论框架，然而目前课程思政的理论研究尚存在系统性不强的问题。这具体体现在：课程思政研究元理论不足，课程思政研究发展的历史逻辑需进一步厘清，如系统探析课程思政的源头、明晰课程思政发展演进路线、总结归纳各阶段发展经验教训并指明未来进一步发展趋势这些理论层面的研究探讨有待加强。

第三，研究视角与方法较为单一，研究合力不足。目前大多数研究主要基于思辨层面，对课程思政的实证研究较少，大多停留在经验阐释阶段，导致课程思政的一些基本问题难以得到科学回应，难以评估研究的具体成效。例如课程思政建设效能与科学性、课程思政与学生发展、课程思政教学方法有效性评估等细分领域的研究，由于缺乏实证研究的支持，其研究结论的说服力在一定程度上被削弱了。

第四，当前课程思政研究队伍呈现分散、力量不平衡之势。核心研究力量之间缺乏相互交流和合作，整体研究力量较为分散。管理型研究者主要关注课程思政的内涵、价值、保障机制等理论层面的研究，而一线专业教师更多地倾向于课程思政建设的路径、方式、技术的探讨，如思政元素的提炼与有效融入。这两个层面的研究呈现分化之势，未能很好融合并进行实效性转化，导致理论和实践研究"两张皮"，理论研究未能很好地在实践中落地，而实践研究又缺乏深厚的理论支撑。

（二）缺乏科学系统的课程思政评价机制

目前有关课程思政评价的相关研究还较少，现有研究成果也存在以下不足：

第一，评价体系缺乏系统性与科学性。目前大多数评价研究还停留在指标选取、内涵描述上，较少有研究深入分析指标之间的相对重要程度，缺少指标权重的计量标准，实践价值不高。

第二，评价指标设置过于复杂。一些研究中评价指标设置纷繁复杂，甚至将评价标准与三级指标相等同，看似全面，实则核心关键指标未得到充分评价。同

时指标设置数量过繁,增加了评价者的实施难度。

第三,评价维度较为单一。如部分研究仅考虑了课程思政授课过程的影响因素,但忽略了课程思政授课结果的影响因素。再如部分课程思政评价仅考虑了"评教",而对课程思政是否能够丰富学生学习体验、提升学生获得感等方面的评价较少,导致难以真实、完整地把握课程思政实施质量。

二、研究展望

课程思政研究内容涉及多维度、多领域、多层次,需在前期研究成果基础上不断适应新形势与新需求,构建更加完善的理论框架与实践体系。对课程思政已有研究进行系统梳理,廓清其源流,明晰当前发展状态与存在的问题,才能更科学合理地预测未来发展。未来,学界应继续扩大研究视野,在以下几个方面进一步深化研究内容。

(一)深化课程思政理论与实践研究,融合交叉学科理论视角,提炼经典模式

课程思政理论与实践研究需不断深入,以构建更加完善的研究框架。

首先,在宏观方面,进一步明晰课程思政内在运行逻辑,厘清课程思政的顶层设计与模式内涵,探明思政元素融入专业课程的内在机理,理顺内在要素之间的耦合与联动关系,形成相互支撑、运行实际有效的课程思政模式框架。

其次,在微观研究方面,重点研究课程思政实践中的关键环节,挖掘不同层次研究中的共同性与差异性,总结可供推广的实践方案与细分模式,快速搭建类型丰富、层次递进、相互支撑的课程思政理论指导实践实施体系。

最后,通过交叉学科研究方法丰富课程思政研究,扩展研究主题,提升研究可信度。运用系统性思维,引入多学科理论视角,提高理论与实践研究的解释力和生命力。

(二)建立科学规范的课程思政评估机制

更新课程思政评价观念,扩展评价范围,提高课程思政评价的全面性、系统性、科学性与效果性。在评价内容上,贯穿课程思政建设的多要素与全环节,形成全过程评价。在评价结果上,从长远发展的视角出发,关注基于学生"增值"的课程思政效能评价。在评价主体上,重视学生评价,形成以学生评价、行政管理评价和教师评价为主体的多元评价体系。在评价方法上,推进量化评价和质性评价相结合。

第四章

学生双环学习视域下的课程思政建设架构

第一节　双环学习理论及其在课程思政建设中的适用性

本节主要介绍双环学习的内涵、双环学习的优势,以及双环学习在课程思政中的适用性。

一、双环学习的内涵

按照学习活动是否改变个人或组织等学习主体已有的心智、规范和价值观,可以将学习模式划分为单环学习(single-loop learning)和双环学习(double-loop learning)两种类型(Argyris,Schön,1978),见图 4-1。单环学习与双环学习的区别详见表 4-1。

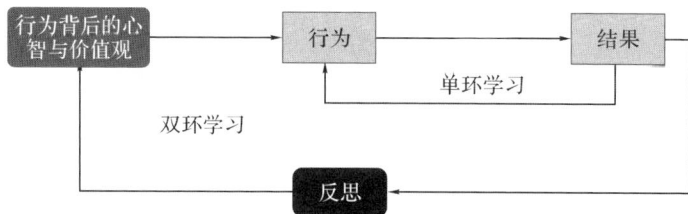

图 4-1　单环学习与双环学习

表 4-1　单环学习与双环学习的区别

	单环学习	双环学习
基本问题	正确地做事：我们做事的方法对吗？	做正确的事：我们做的事情对吗？
主要假设	影响结果的行为本身有问题。	影响结果的规范、心智模式与价值观有问题。
主要逻辑	改变行为方法、行为策略甚至行为本身获取想要的结果。	改变行为背后的规范、心智模式与价值观获取想要的结果。
关键环节	反馈：根据结果改变行为策略，也即检查行为错误并改正。	反思：根据结果改变心智模式，也即检查心智错误并改正。
学习属性	改进性学习、利用性学习（exploitative learning）。	创新性学习、探索性学习（exploratory learning）。

　　单环学习是在不改变当前问题的心理模型的情况下进行的学习，强调在既定的心智、规范和价值观下通过行为及其改变来获取想要的结果。单环学习主张做事方法的重要性，强调根据结果反馈来纠正做事方法的偏差，即正确地做事（doing something right）。单环学习提出了以下问题：我们做得对吗？我们是否可以使用替代的方法或途径，以更有成效的方式来做这件事？（Reddick et al.，2017）在单环学习中，重点是逐步提高绩效。

　　双环学习则包括了一个反馈环，该反馈环促使个人和组织重新考虑和修订心理模型。双环学习不断检查和质疑定义和解决问题的方式，即质疑和反思为什么以特定的方式解决问题。它旨在用一种新的理论、模式或价值观来挑战和改变作为行动基础的心理模式或理论，即强调做正确的事（doing the right thing）。相对于单环学习，双环学习提出了更基本、更困难的问题，例如：我们做的事情是正确的吗？如何使流程变得更好？（Reddick et al.，2017）

　　恒温器常被用来说明与区分单环学习与双环学习（Argyris，Schön，1978；McAvoy，Butler，2007）。根据预先定义的测量温度值，恒温器可以在温度过低时打开或在温度过高时关闭热量，从而将系统的温度保持在该值。恒温器能够执行此任务，是因为它可以接收系统的温度信息（例如房间的温度）并据此采取纠正措施。这就是一个典型的单循环例子。在这个例子中，预设温度，例如 28℃ 或 32℃，选择背后的基本假设与主要原理是不变的。如果恒温器质疑预设温度为什么是 28℃ 或 32℃，即对行为以及这些行为选择背后的假设与原理进行检查时，就会出现双环学习。双环学习不仅检查与质疑行为本身，而且检查与质疑行为背后的逻辑。换句话说,双环学习检查与质疑心智、规范和价值观,从而推动产生新的行为。当工厂经理和销售人员检测并尝试纠正错误以生产产品 X 时,就是单环学习。然而,当他们开始决策是否应该生产产品 X 时,就是双环学习,因为他们在质疑与反思基本的政策和目标。

二、双环学习的优势

如今,心智、规范和价值观等思想元素与行动都面临着动态变化,如何将思想与行动结合起来进行联合调整是面临的主要挑战。双环学习是应对动态性的重要学习概念(Reychav et al.,2016)。单环学习发生在发现和解决问题和错误时,适当的经验教训被记录并存储在个人与组织知识库中,但没有对个人与组织环境中的根本原因进行分析。因此,单环学习是一个静态地、孤立地解决问题的过程,针对的是未来类似情况下行为应如何变化(Matthies,Coners,2018)。相反,双环学习是一种反思性学习的概念,不仅用于问题的解决,而且用于检查和修改个人与组织环境中问题背后的心智、规范、价值观、标准、程序、政策和目标,从而有利于动态环境下的未来问题的解决(Matthies,Coners,2018)。

另外,双环学习也是对单环学习的升级与补充。如果经过几个循环的单环学习后错误仍然持续,则可能需要更全面、更深入的错误检测和纠正形式。此时需要通过双环学习来完成。在这里,影响结果的变量,例如更深层的规范、价值观念和核心信念受到反思和询问,并在必要时进行更改。当这些规范、价值观和核心信念发生变化时,可能会出现一系列新的后果,从而导致新的情况、行动策略以及假设和后果之间出现各种新的关系。

一个医生进行双环学习的例子可以诠释双环学习的优势(Reychav et al.,2016)。在会诊室中,患者提供的信息可以在很大程度上决定医生的初始反应和提供给患者的信息。如果患者提供的信息不准确,那么医生可能会提供反馈并建议无效的治疗选择。当医生提供信息是由患者发起的,旨在让患者满意时,医生可能并不总是对情况有全面的了解,因此学习更侧重于患者在获得答案时的目标实现。因此,在单环学习过程中,医生提供信息以满足患者的信息需求。当在不改变基本前提与主要假设的情况下纠正错误时,医生就会发生单环学习。例如,医生确定患者所描述的症状是由过敏引起的,并给出治疗建议。医生的反应是对患者提供的信息的反应。医生所提供的信息旨在满足患者的需求,而不是临床评估症状、评估可能的原因并与患者彻底讨论。在单环学习中,患者阐明他们的目标,同时影响医生的指令。双环学习模型可以避免单环学习模型的缺点。在双环学习中,患者和医生可以通过对话讨论情况,并分享观点和想法。治疗决策通过患者和医生之间信息共享和寻求的迭代过程来评估所有可用信息。双环学习中的每一个重要动作都会根据其帮助解决问题或对患者健康问题的理解的程度进行评估。在双环学习模型中,邀请各方对彼此的观点进行了解有可能改变这些观点,以便形成一种最全面利用信息的立场,并使各方致力于这一立场。例如,在医疗过程中讨论过敏发生的原因、潜在原因以及未来的预防措施(如特定食物、化学材料等)。相应地,医生与患者则有可能了解更多信息并做出正确的治疗决定。

三、双环学习在课程思政中的适用性

《高等学校课程思政建设指导纲要》(教高〔2020〕3号)明确指出"落实立德树人根本任务,必须将价值塑造、知识传授和能力培养三者融为一体、不可割裂。全面推进课程思政建设,就是要寓价值观引导于知识传授和能力培养之中,帮助学生塑造正确的世界观、人生观、价值观"。可见,帮助学生塑造正确的世界观、人生观、价值观是开展课程思政的主要目的。然而,实现这一目的并非易事,因为世界观、人生观、价值观代表了学生的根本认知,对其的塑造比对行为的塑造更加困难。因而,实现这一目的需要对课程思政进行有效的设计。而且,课程思政教学实践要想取得良好的效果,也必须进行有效的设计。

双环学习为课程思政提供了设计框架、逻辑。首先,双环学习以学习主体为中心,强调促进反思从而促进学习主体的学习与变革。相应地,双环学习视域下的课程思政设计可以引导教师以学生为中心特别是围绕学生的反思进行课程思政设计。其次,双环学习强调检测与改变行为背后的规范、心智模式与价值观,这与课程思政设计的根本目的一致,并为课程思政设计提供了框架,从而有利于学生塑造正确的世界观、人生观、价值观并进而产生受正确世界观、人生观、价值观引导的新的行为。再次,单环学习由于具有静态性、孤立性与简单性等特点而常常被用于课程思政设计,虽然促进了学生外显行为的改变,但未能深层触及与干预学生行为背后的"价值范式"以及价值观、信念等心智模式,因而这些改变后的行为是不稳定的,需要升级为双环学习。最后,双环学习强调反思,而反思一直是教育中的重要思想,因而双环学习一直为教育理论与实践所提倡并成为教学模式设计与创新的基础架构(Hesjedal et al.,2020)。

第二节 学生双环学习视域下的课程思政建设架构及其要素

我们围绕通过推动学生双环学习从而塑造学生正确的世界观、人生观、价值观的理念,提出了一种课程思政建设架构,详见图4-2。

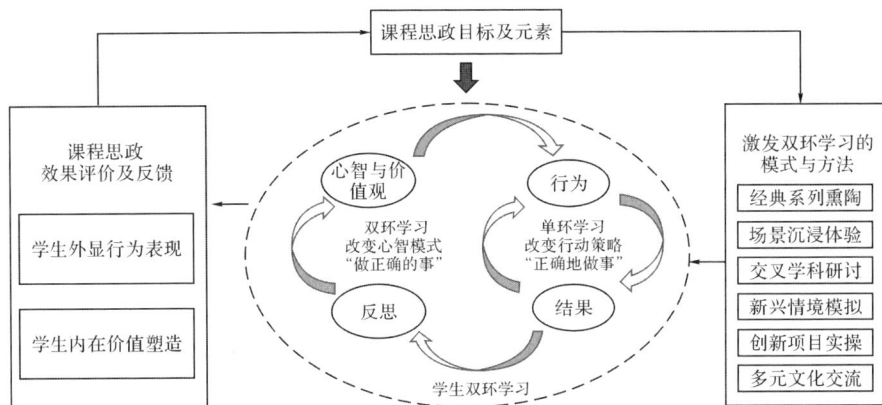

图 4-2 双环学习视域下的课程思政建设架构

一、该架构的逻辑

该架构强调为了实现课程思政育人目标,通过激发学生双环学习的模式与方法设计来推进学生从单环学习跃迁至双环学习,从而检测自己的心智与价值观是否存在错误,进而塑造正确的心智与价值观,在此基础上,以学生双环学习的过程为框架进行课程思政效果评价与问题分析,进而推动课程思政做出反馈与启动新一轮课程思政教学,最终实现课程思政的育人目标。

二、该架构的要素

该架构主要包括课程思政目标及元素、激发双环学习的模式与方法、学生双环学习、课程思政效果评价及反馈等要素。其中:课程思政目标及元素是实施课程思政的目的及其分解的需要融入的育人标签,引领着课程思政教学与建设;激发双环学习的模式与方法包括经典系列熏陶、场景沉浸体验、交叉学科研讨、新兴情境模拟、创新项目实操、多元文化交流等（我们将在第五章重点介绍这些内容），它们为课程思政教学提供具体设计，可以激发学生双环学习，从而帮助学生塑造正确的心智与价值观；学生双环学习是学生的学习模式，是塑造正确心智与价值观的行为与过程；课程思政效果评价及反馈则是基于双环学习框架而设计的，涉及学生外显行为表现与学生内在价值塑造两方面。

三、该架构的特色

其一，该架构以学生为中心。不同于"说教"与"填鸭"等方式，该架构强调课程思政设计要从学生角度出发，要围绕学生的反思与习得（也即双环学习）来帮助其塑造正确的心智与价值观，也即它主张教师的课程思政教学设计应着重于如何引导、促进与鼓励学生进行深层反思。

其二，该架构抓住了课程思政的根本问题。不同于"头痛医头、脚痛医脚"等框架，该架构的出发点与目的都是帮助学生塑造正确的心智与价值观，与课程思政的根本逻辑与目的一致。

其三，该架构考虑了课程思政的多样方法。我们提出了经典系列熏陶、场景沉浸体验、交叉学科研讨、新兴情境模拟、创新项目实操、多元文化交流等课程思政教学设计的六种模式与方法。不同类型的课程可以根据本课程的特点选择这六种模式与方法的一种或多种。

其四，该架构强调持续改进。该架构与 PDCA（Plan-Do-Check-Act，计划—执行—检查—处理）质量持续改进的逻辑与思路是一致的，强调目标引导、高效操作、评价反馈与控制纠偏，指引着课程思政取得良好效果。

四、该架构的案例

我们在"创业管理"课程思政教学过程中，通过创设错位时刻，创新教学方法，激发学生的双环学习行为，从而帮助学生检测错误并塑造正确的心智与价值观。

课前环节。"创业管理"课程深入挖掘课程中的思想政治元素，并将其作为开展课程思政教学的重要支点，同时考虑了授课学生的特点、社会热点、知识重点和难点后，凝练了课堂上拟讨论的主题，明确教师定位和学生定位，设计了问题链的教学方式。

课中环节。创新课堂教学方式,寻找激发学生从单环学习跃迁到双环学习的错位时刻。"创业管理"课程的教学方法更多强调互动性的参与式教学与亲验式学习。通过设置案例情境组织学生开展分组辩论、团队游戏、小组作业、创业者进课堂、头脑风暴、案例讨论、商业路演等,让学生在开放的学习环境中,通过活动体验来发现问题、分析问题、解决问题,并在这一过程中汲取德育信息进行内在德性建构,激发从单环学习跃迁到双环学习的错位时刻。

课后环节。注重教学经验的总结与反思,面向"扎根中国创业实践,培养学生创业精神"的课程建设目标,采用自我总结、课堂观察、课后学生反馈以及课程结束后学生的发展与成长情况评估等方式来反思与修正"创业管理"课程思政教学设计与组织方法。此外,与学生保持联系,帮助学生成长。

效果。"创业管理"课程思政"双环"设计模式取得了良好的效果,涌现出了很多先进事迹和典型案例。例如,卓同学不仅获得了大学生创新创业大赛国家级立项,更是怀有家国情怀,参与"守得花儿开"暑期支教团队,用青春的激情点亮了贫困地区留守儿童的学习与生活,用温暖的爱心倡导公益的力量。该同学被评为2019年中国大学生自强之星,并在2020年疫情期间,主动参与到了社区的"防疫抗疫"工作中。又如努尔艾力同学用"互联网+"探索创业扶贫新模式,将家乡的美食、民族服装、文化元素等带出新疆,融合杭州的地域文化,探索出了一条既能实现自己创业梦想,又可以带领家乡亲朋好友脱贫致富的道路。

五、该架构的适用情况

该架构不仅适用于指导具体的课程进行面向学生双环学习的课程思政教学设计(如上文提到的"创业管理"课程),而且适用于指导高校二级学院(或专业)进行面向学生双环学习的课程思政顶层设计。接下来,我们介绍杭州电子科技大学管理学院的案例,来诠释该框架也适用于课程思政顶层设计。

第三节　学生双环学习视域下的课程思政建设案例

本节主要以杭州电子科技大学管理学院的课程思政建设为例进行分析。

一、杭州电子科技大学及其管理学院概况

(一)杭州电子科技大学简介

杭州电子科技大学(以下简称"杭电")是一所电子信息特色突出,经管学科优势明显,工、理、经、管、文、法、艺等多学科相互渗透的大学。学校始创于 1956 年,初名杭州航空工业财经学校,而后历经杭州航空工业学校、浙江电机专科学校、浙江机械工业学校、杭州无线电工业管理学校、杭州无线电工业学校等时期,1980 年经国务院批准建立杭州电子工业学院,2003 年原杭州出版学校整体并入,2004 年更名为杭州电子科技大学。学校先后隶属于第二机械工业部、第四机械工业部、电子工业部、信息产业部等中央部委,2000 年实行浙江省与信息产业部共建、以浙江省管理为主的办学管理体制,2007 年成为浙江省与国防科学技术工业委员会共建高校,2015 年被列为浙江省首批重点建设高校。

学校拥有本科教育、研究生教育、来华留学生教育、继续教育等完整的人才培养体系,现有 47 个本科招生专业,22 个专业入选国家级一流本科专业建设点,22 个专业入选省级一流本科专业建设点,拥有多个国家级综合改革试点专业、教育部"卓越工程师教育培养计划"试点专业、国家级特色专业建设点以及国防特色重点专业,是浙江省属高校中唯一拥有国防特色重点专业的高校,11 个专业通过工程教育专业认证。拥有 10 个一级学科博士点和 6 个博士后科研流动站,20 个一级学科硕士点,其中集成电路科学与工程是全国首批集成电路科学与工程一级学科博士学位授权点之一,具有硕士推免权。

(二)杭电管理学院简介

杭州电子科技大学管理学院的发展可追溯至 1956 年,即学校前身杭州航空工业财经学校的成立。1980 年学校升格为本科院校时管理工程系为独立建制,1995 年组建工商管理学院,2000 年成立管理学院。在 1956—2000 年这 40 多年

的发展历程中,学院以国家战略为引领,将服务电子信息行业和浙江地方需求作为办学宗旨。近年来,学院紧密围绕网络强国、数字中国、智慧社会建设等国家战略部署,致力于建设成为我国数字化管理人才培养、科学研究和社会服务的重要基地。学院现有管理科学与工程和工商管理两个一级学科。学院拥有管理科学与工程一级学科博士学位授权点与管理科学与工程博士后科研流动站。学院服务数字经济形成本—硕—博联动发展的人才培养体系。信息管理与信息系统专业、工商管理专业与工业工程专业入选国家一流本科专业建设点。

二、杭电管理学院课程思政建设架构

(一)杭电管理学院课程思政建设架构的提出

管理学院在新商科建设中,面向新时代需求,根植新商科特征,以习近平新时代中国特色社会主义思想为指导,紧紧围绕"培养什么样的人、如何培养人以及为谁培养人"根本问题,把课程思政作为落实立德树人根本任务的根本举措,构建并实践新商科"一核、双环、三路"课程思政模式,持续推进课程思政工作。其主要内容如下:

一是构建并实践新商科课程思政"一核"目标体系。包括内层的"商业伦理道德与责任感、中国本土管理理论素养、创业精神与科学实践观、高质量与可持续发展理念"和外层的"社会主义核心价值观、中华民族伟大复兴的责任和理想"。内层目标环环相扣紧密互动,体现新商科教育的内涵与特征;外层目标支撑与引领内层目标,决定内层目标的性质与方向。

二是构建并实践新商科课程思政"双环"设计模式。包括教师侧的"双环教"模式与学生侧的"双环学"模式,并将其整合使之形成一体关系,不仅强调学生的价值观塑造,也强调教师的价值观塑造,并实现学生价值观塑造与教师价值观塑造的联动。教师通过案例教学、研讨教学、项目学习、情景模拟等方式,带动学生学习双环的运转。教师通过学生及时反馈信息以及呈现出的主动学习、追求成长的状态,推动教学双环的持续改进。

三是构建并实践新商科课程思政"三路"实施策略。包括:构建了"一学院—两学科—三专业—全课程"的全链路课程思政载体体系;构建了整合课程思政与思政课程、第一课堂与第二课堂、线上媒介与线下媒介、专业建设与党建工作,具有全通路特征的课程思政渠道体系;构建了课程思政全回路"6R"保障体系——规制(regime)、责任(responsibility)、尊重(respect)、关怀(regard)、研究

(research)、重复(repeatability)。

以上内容主要解决以下教学问题:

一是当前商科教育的课程思政目标大多立足于传统商科教育的内涵与特征,尚不能体现新商科的内涵与特征,它们彼此孤立地存在,难以形成合力,也难以满足新时代课程思政建设的使命要求。为此,主要解决体现新商科内涵与特征、体现新时代要求的课程思政目标是什么,以及这些目标如何形成合力这些问题。

二是当前课程思政是基于"单环"的设计,强调引导学生"正确地做事",也即改变行为,难以引导学生"做正确的事",也即价值观塑造;此外,也忽略了教师的价值观塑造。这种课程思政下的师生获得效果往往难以持续,难以举一反三。为此,主要解决如何构建新的课程思政设计模式这一问题。

三是当前推进课程思政的载体、渠道与保障是多样的,但也是"各自为战"的,尚缺乏有效的整合与协同,甚至出现矛盾与对立,导致师生"眼花缭乱","难以接受"。为此,主要解决如何构建一体化、协同、易接受的课程思政实施策略这一问题。

(二)杭电管理学院课程思政建设架构的内容

一是立足新商科特征,以习近平新时代中国特色社会主义思想为指导,落实立德树人根本任务,构建了新商科课程思政"一核"目标体系(图4-3)。

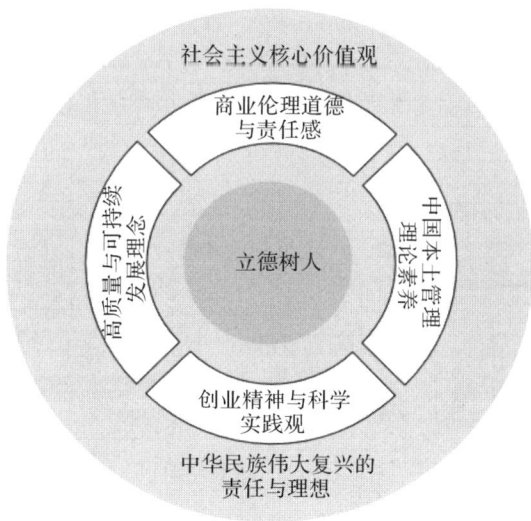

图4-3 新商科课程思政"一核"目标体系

根据新商科"主动回应技术创新和社会变革""突出中国理论与方法的商学教育""产教深度融合的全新培养模式"等内涵与特征,以及学习贯彻习近平新时代中国特色社会主义思想的要求,将"商业伦理道德与责任感、中国本土管理理论素养、创业精神与科学实践观、高质量与可持续发展理念"作为新商科课程思政的目标。确立的这几个目标,分开来看每个都是新商科课程思政的目标定位,合起来看又是环环相扣的,它们之间具有内在的联系——"商业伦理道德与责任感"影响"中国本土管理理论素养","中国本土管理理论素养"影响"创业精神与科学实践观","创业精神与科学实践观"影响"高质量与可持续发展理念","高质量与可持续发展理念"影响"商业伦理道德与责任感"。

此外,也将"社会主义核心价值观""中华民族伟大复兴的责任和理想"作为新商科课程思政的目标。这两个目标是由新商科坚持社会主义办学方向与承担新时代历史使命决定的,也是学习贯彻习近平新时代中国特色社会主义思想所要求的。这两个目标是对以上四个目标的支撑与引领,决定了以上目标的性质与方向,也即"商业伦理道德与责任感、中国本土管理理论素养、创业精神与科学实践观、高质量与可持续发展理念"都应置于"社会主义核心价值观、中华民族伟大复兴的责任和理想"影响下。

二是提出教师侧的"双环教"模式与学生侧的"双环学"模式并将其整合使之形成联动关系,构建了新商科课程思政"双环"设计模式(图 4-4)。

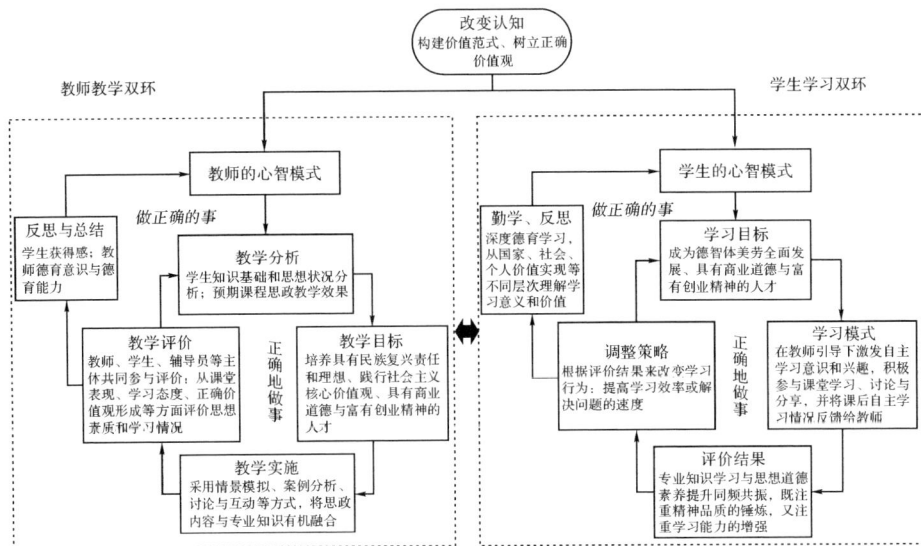

图 4-4　新商科课程思政"双环"设计模式

针对课程思政传统的"单环"设计模式只能检测行为错误,难以实现价值塑造的局限,根据课程思政价值塑造的需求,构建了课程思政"双环"设计模式,如图4-4所示。这一"双环"设计模式不仅强调学生的价值观塑造,也强调教师的价值观塑造。

教师教学双环:按照课程思政教学特点,教师教学的第一环为基础教学设计环,由教学分析、教学目标、教学实施、教学评价四个步骤闭环构成;第二环在第一环基础之上,注重教学的总结与反思,鼓励教师跳出先前固化的认知模式,面向"立德树人"这一大中心,改变教师自身的心智模式,提高教师德育理念和素质。

学生学习双环:学生学习的第一环主要是根据参与课程思政课堂学习的结果来调整学习策略,进而改变行为。但是学生外显行为发生改变,并不意味着思政已然融入他们的内心。因此,教师应充分运用互动式、问题式等教学方式引导学生跳出固化的认知模式进行勤学反思,改变心智模式,树立正确的价值观念,此即学习的第二环。

教师教学双环与学生学习双环是联动的。教师通过案例教学、研讨教学、项目学习、情景模拟等方式,带动学生学习双环的运转。教师通过学生及时反馈信息以及呈现出的主动学习、追求成长的状态,推动教学双环的持续改进。

三是建立健全"全链路载体体系、全通路渠道体系、全回路保障体系",构建了新商科课程思政"三路"实施策略。

破解课程思政"各自为政"和难以形成合力困境,要求把握学科思政、专业思政、课程思政的一体性特征,对学科思政、专业思政、课程思政进行一体化设计和一体化实施,形成"一(管理)学院—两(一级)学科—三(一流)专业—全课程"的一体化、全链路课程思政载体体系。学院及管理科学与工程、工商管理两个一级学科围绕数字化管理人才培养的总目标,提出人才培养的总体思政要求。周期性开展专业人才培养方案修订工作(每年小修、三年大修),信息管理与信息系统、工商管理、工业工程三个国家一流建设专业围绕学院与学科总体思政要求,分别结合专业人才培养定位与特色,精准设计专业思政要求与环节,完善专业人才培养目标与路径。周期性开展课程教学大纲修订工作(每年小修、三年大修),以"三课"(一流课程和准一流课程、多班大课与青年教师课)课程思政建设为抓手带动所有课程充分挖掘思政元素、设计课程思政方案,从而推进课程思政建设。

有效整合并充分运用课程思政与思政课程、第一课堂与第二课堂、线上媒介与线下媒介、专业建设与党建工作,打造和构建具有全方位、全时空、全通路特征的课程思政渠道体系。学院党委亲自抓"形势与政策"等思想政治理论课,每门专业课都守好一段渠、种好责任田,专业课与思政课同向同行,形成协同效应。用好课堂教学这个主渠道,强化第一课堂教学形式、内容与方法的改革,建立实践式、体验式、互动式、探究式、参与式的第二课堂,作为第一课堂的补充。在用好传统线下媒介的同时,运用"两微一端"等新媒体加强和改进课程思政;积极探索适应线上线下融合发展的教学新模式,利用慕课、微课、翻转课堂等教学方式开展课程思政。充分发挥教师党支部在思想引领、组织协调、服务保障等方面的积极作用,积极搭建平台,着力配合系(专业)推动专业思政、课程思政建设,把育人要求有机融入党支部建设和相关活动,充分发挥党员在专业思政和课程思政建设中的先锋模范作用。

提出并实践课程思政全回路保障体系("6R"模型)(图 4-5),通过规制、责任、尊重、关怀、研究、重复六要素,充分体现和发挥教师的主体地位和能动作用,强调制度规范与个体活力相结合,既解决当下面临的迫切问题,又助力质量的持续提升。规制与责任属于制度保障——学院建立了课程思政的工作机构、体系与方案,也明确了各专业与各位教师的主体责任。尊重与关怀属于激励保障——学院充分尊重各位教师的创新性课程思政设计与工作成果,也关心教师遇到的问题,

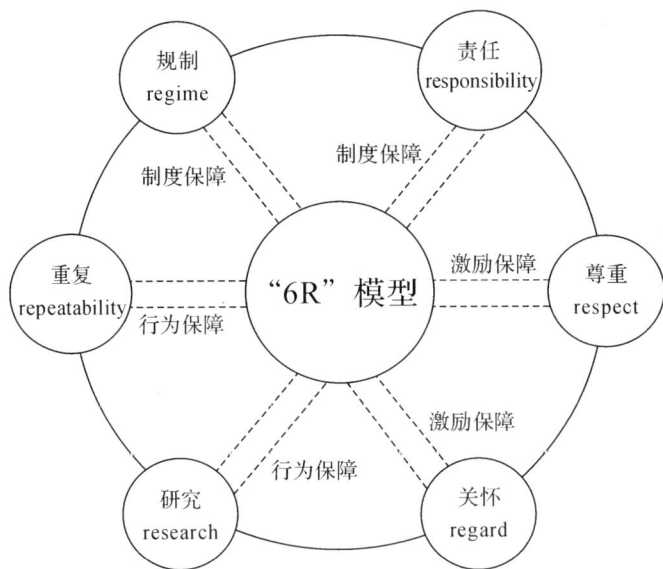

图 4-5　全回路保障体系("6R"模型)

并及时沟通、提供指导。研究与重复属于行为保障——学院鼓励教师研究课程思政的理论、策略与方案,并重视先进经验的总结、赞扬与宣传。学院建立了"三个系列"工作机制激活"6R"全回路保障体系——每季一次的由书记、院长、教学副院长、专业负责人、督导组长等参与的"系列研讨",调整与优化课程思政的制度保障;每年由书记、院长、主管副院长、专业负责人等组织的不少于 20 人次的"系列关怀",帮助教师解决课程思政工作中遇到的问题;每年不少于 15 项的"系列资助",资助教师探索课程思政。

(三)杭电管理学院课程思政建设架构的落地

杭电管理学院按照一体化、互补化、协同化、联动化与系列化策略,落实立德树人根本任务,推进课程思政高质量建设,具体落地策略见图 4-6。

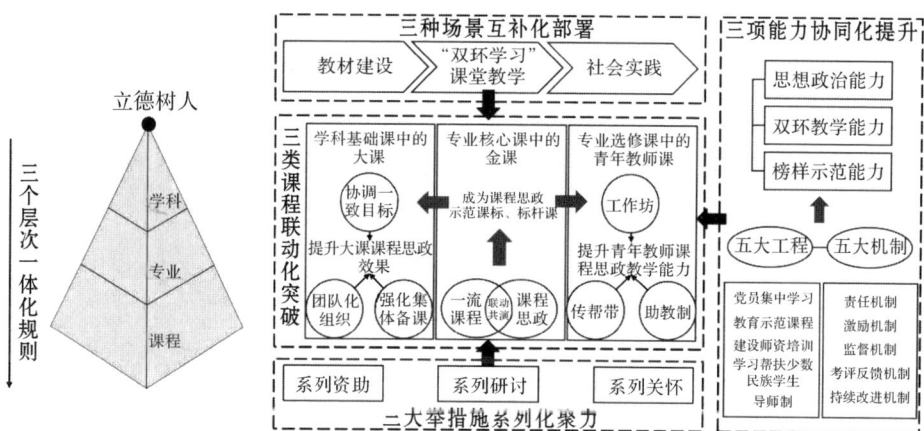

图 4-6 杭电管理学院课程思政建设架构的落地策略

一是三个层次一体化规划。将"一核"六大目标作为学科思政的总体目标,结合各个专业的人才培养目标与发展特色优势在各个专业培养方案中对六大目标进行分解,形成专业思政要求,对专业思政要求进一步细化,形成课程思政融入点集合,与此同时各个专业根据课程内部特征与课程之间的联系制定课程思政融入点选择指南,从而整合学科、专业、课程三个层次,实现在多个课程协调下进行课程思政。

二是三种场景互补化部署。结合教材建设,例如"数字化管理创新"系列教材建设,补充和丰富教材中的思政元素与内容,从源头确保符合思政要求。推广基于"双环学习"的课堂教学,运用跨学科讨论、多元观点对比、项目分析评价、讨论学习成果、预测未来发展、研究理论情境六大方法激发学生从单环学习跃迁到双环学习,进而实现学生外在行为与内在价值观的双塑造。通过开展暑期支教、志愿者活动、学科竞赛、短期国际交流、毕业实习等五类实践,着力打造移动思政,检验课程思政的效果。

三是三项能力协同化提升。"五大工程"和"五项机制"提升课程思政能力。通过党员集中学习教育(例如党史学习教育)、示范课程建设、师资培训学习、帮扶少数民族学生(例如结对新疆学子)、导师制等"五大工程",以及责任机制、激励机制、监督机制、考评反馈机制、持续改进机制等"五项机制",全面提升教师课程思政工作所需的思想政治能力、双环教学能力、榜样示范能力等核心能力。

四是三类课程联动化突破。采用分类策略抓好学科基础课中的大课、专业核心课中的金课以及专业选修课中的青年教师课这三类课的课程思政突破工作。将课程思政作为必需与特色纳入一流课程建设,实现课程思政工作与一流课程建设相联动,将专业核心课中的金课打造成课程思政的标杆课、示范课。抓好课程团队组织与凝聚工作,强化课程组集体备课与研讨,提升管理学等学科基础课中的大课课程思政效果。通过课程思政工作坊、课程思政助教制、课程思政传帮带(至少持续一学期的跟学)等方法,提升青年教师课程思政教学能力,保障这些课程思政的效果。

五是三大举措系列化聚力。以系列资助、系列研讨、系列关怀,激励和保障教师投身课程思政——以"系列资助"推进探索和攻坚,以"系列研讨"推进交流和推广,以"系列关怀"推进排忧解难。每学年应提供不少于 15 项的课程思政系列资助,不少于 10 次的课程思政教学研讨,不少于 20 人次的个别关怀。

三、杭电管理学院课程思政建设特色

一是系统提出了新商科课程思政的目标并解析了它们之间的内在联系。以往商科教育的课程思政目标大多立足于传统商科教育的内涵与特征,尚不能体现新商科的内涵与特征,它们彼此孤立地存在,难以形成合力,也难以满足新时代课程思政建设的使命要求。杭电管理学院立足于新商科教育的内涵与特征以及学习贯彻习近平新时代中国特色社会主义思想,系统提出了新商科课程思政的目标体系,为新商科课程思政提供了目标。杭电管理学院解析新商科课程思政目标之间的内在联系并促使它们通过互动形成立德树人合力的思路,也为其他学科课程思政目标设计提供了借鉴。

二是提出"双环"设计,实现课程思政设计模式创新。从"价值塑造"这一课程思政根本目的出发,杭电管理学院针对课程思政传统的"单环"设计模式只能检测行为错误、难以实现价值观塑造的局限,构建了课程思政"双环"设计模式。杭电管理学院提出的课程思政"双环"设计模式由教师侧的双环教学设计与学生侧的双环学习设计组成,不仅强调学生的心智模式改变与价值观塑造,也强调教师的心智模式改变与价值观塑造。教师教学双环与学生学习双环是联动的。教师通过案例教学、研讨教学、项目学习、情景模拟等方式,带动学生学习双环的运转。教师通过学生及时反馈信息以及呈现出的主动学习、追求成长的状态,推动教学双环的持续改进。

三是提出"三路"方案,实现课程思政实施策略创新。杭电管理学院创新性地提出全链路课程思政载体体系,对学科思政、专业思政、课程思政进行一体化设计和一体化实施,破解课程思政"各自为政"和难以形成合力的困境。杭电管理学院创新性地提出全通路课程思政渠道体系,从而实现全方位、全时空的思政融入与润物无声。杭电管理学院创新性地提出课程思政全回路保障体系("6R"模型)及其"三个系列"激活机制,强调制度的规范与个体的活力相结合,既解决当下面临的迫切问题,又助力未来质量的持续提升,为推进课程思政提供制度、激励以及行为保障。

四是总结了课程思政"3＋3＋3＋3＋3"方法,实现了课程思政方法创新。为了有效推进课程思政工作、有效提升课程思政成效,特别是破解课程思政中教师动力不足、教学模式重构、课程合力难以形成等重大、典型、基础、共性问题,杭电管理学院系统总结了"3＋3＋3＋3＋3"方法,即:"学科、专业、课程"三个层次一体化规划,"教材、课堂、实践"三种场景互补化部署,"思想政治能力、双环教学能力、榜样示范能力"三项能力协同化提升,"学科基础课中的大课、专业核心课中的金课、专业选修课中的青年教师课"三类课程联动化突破,"系列资助、系列研讨、系列关怀"三大举措系列化聚力。

四、杭电管理学院课程思政建设成效

杭电管理学院打造双环学习视域下的课程思政建设架构初见成效,主要体现在两个方面。

（一）铸魂育人与学生获得

每年,管理类专业的1000多名学生均受益于该成果。

首先,从学生总体来看,"一核"目标达成度高,学生每年有超过500人次参与各类志愿者活动,体现了"一核"目标体系中的一般通用课程思政目标的达成;每年有接近150人次获省级以上学科竞赛奖励,体现了"一核"目标体系中的学科特有课程思政目标的达成。

其次,涌现出一批典型团队,得到媒体的广泛报道。如"守得花儿开"团队17年暑期支教点亮留守儿童心灵,"爱•跨越心灵障碍"关爱孤独症儿童,其他还有打捞"沉没"革命事迹等受到媒体报道。

最后,涌现出一批先进个人,得到媒体的广泛报道。肖同学获中国青年志愿者优秀个人奖,并代表3.76万名亚运会志愿者上台领奖;卓同学获共青团中央颁发的"中国大学生自强之星"奖;多位学生参军报国;多位学生致力于脱贫攻坚,主动到欠发达地区创办企业;还有"学霸爱情观""中国好室友""温情拜年""抗疫爱心男孩"等事迹也受到媒体广泛报道。

该课程思政方案还被引入为学校工科学生开设的管理学(现代经济管理基础)、项目管理、工程经济学三门大课,以及服务全校的创新创业教育、服务"一带一路"的留学生教育与服务社会的商界精英研修教育,每年受益学生超8000人次。

（二）课程建设与教研成果

2020年以来,杭电管理学院思政课程建设的教研成果详见表4-2。

2020年以来,杭电管理学院课程思政建设形成丰富并有代表性的教研成果,获批省级课程思政教学研究示范中心1个,拥有省级课程思政示范基层教学组织1个、省级课程思政示范课4门,在省高校课程思政教学改革系列活动评奖中获得各类奖项7项。

2020年以来,杭电管理学院以课程思政助力课程建设,获批国家一流课程1门、省级一流课程26门;在省级教学创新大赛中获得文科组一等奖、二等奖、三等奖各1项。

2020年以来,杭电管理学院课程思政成为数字经济人才培养杭电模式的重要内容并参与获得教学成果奖,其中国家教学成果奖二等奖1项,浙江省教学成果奖一等奖2项,杭电校级成果奖一等奖2项、二等奖2项、三等奖1项。

2020年以来,杭电管理学院课程思政有力支持了专业建设,信息管理与信息系统、工商管理、工业工程先后获批国家一流专业建设点,人力资源管理、电子商务与保密管理先后获批浙江省一流专业建设点。

表4-2　杭电管理学院课程思政建设的教研成果

成果大类	成果小类	成果名称/成果等级	取得时间
教学成果奖	国家级与省级	课程思政为数字经济人才培养杭电模式的重要内容,参与获得2022年国家教学成果奖二等奖1项、2021年省教学成果奖一等奖2项	2022年、2023年
	校级	一等奖2项、二等奖2项、三等奖1项	2020年、2023年
省级课程思政示范中心	示范中心	"数字化管理"课程思政教学研究示范中心	2022年
省级课程思政示范教学组织	示范教学组织	工商管理系	2021年
省级课程思政示范课	示范课	"商业模式创新与商业伦理"等4门课程	2021年、2022年
省级课程思政教学研究项目	教学研究项目	"基于双环学习的课程思政实施过程、效果评价与优化策略研究"等3项	2021年、2022年
省高校课程思政教学改革系列活动评奖	教师征文奖	一等奖1项、二等奖2项	2021年
	优秀教学案例	特等奖1项、一等奖1项	2021年
	优秀教学微课	服务营销学、品牌管理	2021年
省级教学创新大赛	课程思政微课专项赛	服务营销学获得文科组三等奖	2022年
	主赛	服务营销学获得文科组二等奖	2022年
	主赛	品牌管理获得文科组一等奖	2023年
一流课程	国家级	"品牌管理"	2023年
	省级	"管理学"等26门课程	2020年、2021年、2022年

第五章

激发学生双环学习的模式与方法

第一节 经典系列熏陶模式与方法

一、经典系列熏陶的基本架构

"管理学"作为管理学院本科生入学后的第一门专业课,是经济管理类专业的专业基础课,也是学习其他课程的必备基础。作为管理知识的入门课、实践素养的先行课、"两性一度"(高阶性、创新性、挑战度)的启蒙课,"管理学"课程的课程思政对后续课程具有一定的引领作用,主要体现在其能帮助学生"扣好人生的第一粒扣子"。

杭州电子科技大学管理学院张蕊老师主讲的"管理学"课程立足"经典系列熏陶",将马克思主义哲学、社会主义核心价值观、中国传统文化思想和管理智慧等理论经典以及当前我国若干实践经典作为切入点,以决策、组织、领导、控制、创新为框架,将育人元素与知识框架相融合。

该课程以双环学习理论为基础,强调经典熏陶,从价值观元素、学习场景、质疑与反思等三个维度进行课程思政教学设计(图 5-1),构建螺旋提升的行动学习机制,从而实现思想、素养、知识、能力、方法等方面的人才培养目标。

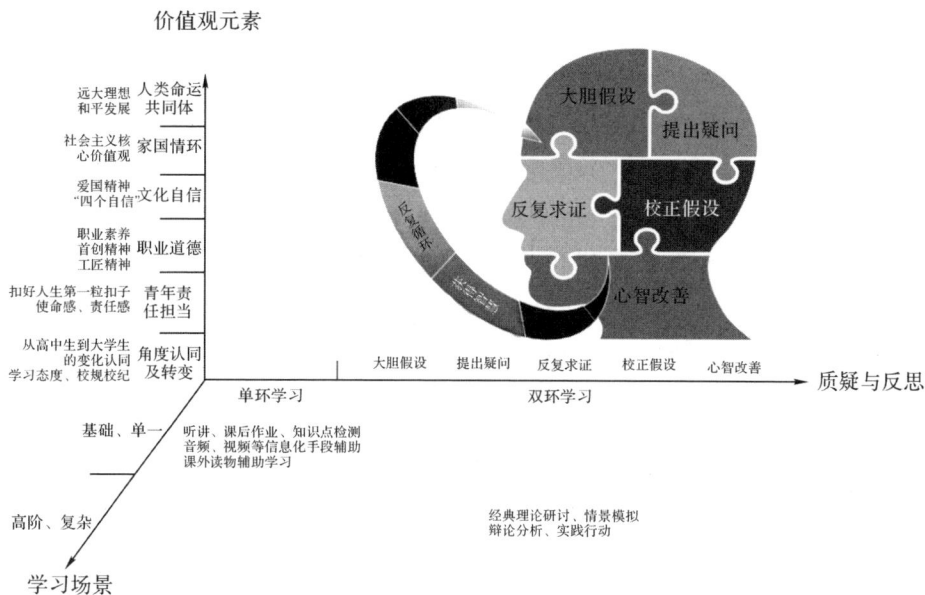

图 5-1　基于双环学习理论的"管理学"课程思政教学设计

其一,价值观元素维度。

大学期间,是学生世界观、人生观、价值观形成的关键时期。经过学习、生活、实践的磨炼,学生逐渐形成角色认同及转变、青年责任担当、职业道德、文化自信、家国情怀及人类命运共同体的价值观。该课程的教学突破单环学习的局限,通过国内外经典的阅读进行对比,并对自己的价值观进行反思,在经典熏陶中塑造和升华自己的价值观。

其二,学习场景维度。

该课程通过案例导入、分析讨论以及经典熏陶等方式,促进学生反思:采用案例讨论、小组研讨、辩论讨论等方式,将经典理论导入现代管理情景特别是复杂情景的管理问题中,引导学生不断思考理论与实践之间的差异、理论蕴含的价值观与学生自己的价值观之间的差异,提升学生的思维,推动学生心智模式的改进和正确价值观的形成。

其三,质疑与反思维度。

该课程以经典理论与经典实践为标准、基础与对比,借助阿吉里斯提出的一系列旨在推进双环学习的问题来实践质疑与反思维度,它们是:你当前使用的理论是什么? 它与你的战略和目标有何不同? 你正在遵守什么样的隐含条件,它们是否有害？什么能改变,怎么改变？抛开细节,更大图景是什么?

二、经典系列熏陶典型案例一

本案例为"管理活动的时代背景"课程思政教学设计案例,详见图 5-2。本案例对应"管理学"课程教材第一章第三节"管理活动的时代背景",重点分析管理活动的时代背景:全球化、信息化和市场化。科学的管理思维是战略思维、历史思维、辩证思维、创新思维以及底线思维的统一。通过学习,学生能够理解并分析数字化背景下企业面临的机遇和挑战,以及管理活动变化情景下,企业管理模式、组织结构以及企业管理者思考模式的变化要求。

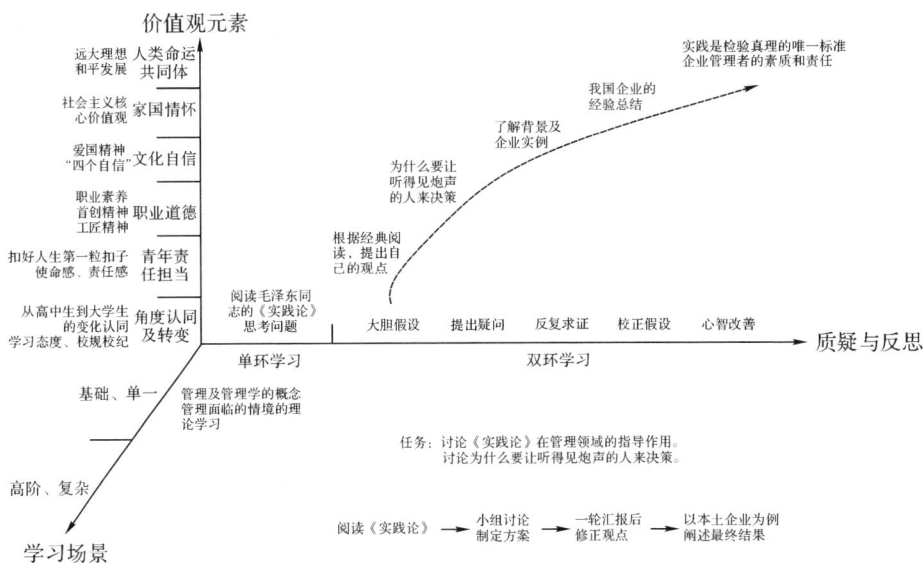

图 5-2　基于双环学习理论的"管理学"课程思政教学设计案例一

(一)教学导入

毛泽东同志于 1937 年 7 月所著的《实践论》是系统地继承和发展马克思主义哲学的重要著作,也是总结马克思主义中国化的历史经验、深化实事求是思想路线的里程碑式著作。《实践论》所凝聚的科学世界观和方法论在新时代仍有重要意义。客观事物是复杂的,全面认识需经长期实践检验;客观事物是发展变化的,人的认识不能停留在某一时期,必须与时俱进。回顾我国改革开放历史,我们对于社会主义市场经济体制的认识,就经历了一个复杂的历史过程。中国特色社会主义进入新时代,我国发展积累了大量经验,但也面临着国内外复杂的形势变化,实现改革发展稳定面临许多新的问题。及时科学总结和研究实践中的新情况是必要的。理论联系实践,加强对实践的认识和改造是至关重要的。

请阅读《实践论》,思考在企业管理实践中,主观世界和客观世界是什么? 如何改造,谁来改造? 为什么要"让听得见炮声的人来决策"?

(二)教学内容

《实践论》指导我们,要充分认识在改造客观世界的同时不断改造主观世界的必要性。数字化时代的变革要求管理者在认识世界的同时,也要关注自身思维方式的调整,必须不断改造主观世界,"解决好世界观、人生观、价值观问题"。《实践论》中强调"无产阶级和革命人民改造世界的斗争,包括实现下述的任务:改造客观世界,也改造自己的主观世界——改造自己的认识能力,改造主观世界同客观世界的关系"。

《实践论》蕴含的理论值得我们深入学习,它指出社会实践是认识的唯一来源,生产活动是最基本的活动;社会实践是认识发展的动力;社会实践是检验真理的标准;实践与认识的矛盾运动以及认识发展的辩证过程。要坚持主观和客观、理论和实践具体的历史的统一。

人们在认识的过程中,由对事物的现象、片面、外部联系的感性认识,上升到对事物的本质、全体、内在联系的理性认识,进而产生了概念,这是认识的第一个飞跃。但更重要的是第二个飞跃,即从理性认识到革命实践的飞跃。人们获得的对了客观世界规律的认识必须再回到改造世界的实践中。

那么在企业管理实践中,对问题的认识和对实践的改造是什么? 又需要谁来完成这个过程?

人工智能、区块链、云计算、大数据等底层数字技术的应用加剧了企业之间的竞争。移动互联网的普及和第五代移动通信技术(5G)商用的不断发展使得数据成为信息传递的主要载体,推动人类社会从物质化的信息时代进入数字化的信息时代。

作为市场主体,企业生存和发展都必然要面临市场竞争这一根本性问题。数字经济下,市场总是在不断淘汰那些低效、无效地向用户提供价值的企业的过程中,完成自我更新与升级。随着数字技术在企业运营中的全面应用,企业势必需要对内部的各项职能活动做出适应性调整,进而不断提高价值创造与供给的效率。在颠覆式创新与替代式竞争的数字规则下,企业的组织结构、营销模式、生产模式、产品设计、研发模式以及用工模式都需要进行变革。

企业数字化能力的加强,有利于降低失误、犯错的概率,提高经营效率。为了巩固竞争优势,企业还必须将核心能力做到极致,不断推出超越市场预期的产品、服务,以此维护和提升品牌声誉。基于自身的核心能力来开展适应市场变化的业务,对于企业未来的发展具有非常重要的意义。从这个角度来看,企业在制定战略方向时,选择"做正确的事"显然要比"正确地做事"更符合数字经济的发展趋势。柯达、诺基亚、西尔斯等老牌名企都是因为过度地专注于巩固传统的优势业务,没有及时切换战略"赛道"而遗憾落败,将行业领先地位拱手让给竞争对手。

对于工业企业而言,战略决定了组织结构。在工业化时代,不管是直线制、职能制、直线职能制还是事业部制、矩阵制,企业组织结构都像金字塔般一样,呈现垂直化、科层制、等级制的特点,在应对外部环境变化、资源配置等方面缺乏足够的灵活性。数字经济的高速发展使得企业战略发生转变,也要求企业对组织结构进行创新,重新协调、评估和筹划人、财、物的组合。

技术的应用强化了企业之间的数据共享,重新诠释了服务的内涵,管理者可以及时了解一线情况并且配置相应资源,"让听得见炮声的人来决策"。随着消费者对实时性体验的追求不断增强,企业的职能部门之间要加强相互配合、协作共赢,对市场需求做出即时响应,使组织结构趋于网络化、扁平化。

(三)教学实施

课前。预习作业:开课前一周,通过钉钉群和学习通发布通知,请学生根据教材第一章第三节"管理活动的时代背景"内容自学,同时观看学习通的视频资料和阅读《实践论》,了解"管理活动的时代背景"的知识点。

课中。①问题导入。开篇问题:为什么要"让听得见炮声的人来决策"? ②信息化载体——小视频大效果。充分利用学生喜欢的短视频作为辅助手段。短视频具有耗时短、生动形象、信息量丰富的特征,同时也是大学生喜闻乐见的形式,不会占据大量的课堂时间,却能起到增强授课效果的作用。③课堂讨论及案例分析。结合资料,发起学生课堂分组讨论,完成对预习问题和开篇问题的回答。分析环境对组织的影响。环境的变化和调节对组织的战略、企业文化、组织结构都会产生影响,请学生通过思考总结:数字化环境下组织会受到哪些影响?组织如何变化以应对这些影响和挑战?将小组讨论的框架作为作业的基础框架。

课后。在学习通发起讨论议题和布置作业,考查学生对课程知识点的掌握和对课程思政要点的理解。讨论议题为:"管理的本质就是把人管好吗? 为什么?"作业为:"数字化背景下,管理者面临的主要挑战有哪些?"

（四）案例总结

将经典阅读与理论辨析结合起来,塑造与改进学生的价值观。在教学过程中,首先重点学习知识点,并对知识点进行提问、测试。在这样的单环学习基础上,将学生进行分组,讨论数字化环境下企业面临的挑战以及企业管理者面对瞬息万变的环境时,做出正确决策需要具备的思维模式和基本素质。在《实践论》的指导下,改善学生的思维模式和心智模式,通过双环学习的大胆假设、提出疑问、反复求证、校正假设、心智改善的流程,提出问题,引导学生深入思考,不断在思考基础上深入分析,并通过组间比较、相互提问、辨别分析等方法,观察和比较不同小组的思维方式和切入点,从而引导学生不断校正思维模式,形成满意的小组结论和汇报成果。

三、经典系列熏陶典型案例二

本案例为"数字化变革中的领导与领导者"课程思政教学设计,详见图5-3。重点讲授领导的概念,领导与管理的区别:第一,两者的职能范围不同;第二,两者的权力来源不同;第三,两者的主要功能不同,且发挥功能的途径亦不同。权力的五种来源:奖赏权力,强制权力,法定权力,参照权力,专家权力。领导的基本理论:领导者特质理论、领导者行为理论、领导者团队理论。

（一）教学导入

在飞速发展的数字化时代,每个人都必须加快变革速度并穿越围绕新兴技术的概念炒作。"时代抛弃你时,连一声再见都不会说。"大润发创始人离职时说:战胜了所有对手,却输给了时代。历史的车轮滚滚向前,它不会因任何人的消极怠慢而停止。而很多人目前处于下意识地排斥学习的状态,自然也就难以摆脱迷茫,这也是产生焦虑的重要原因。这就要求人们及时掌握伴随人工智能等新兴技术而产生的词和词组,审慎把握概念定义,从而正常地进行逻辑思维、形象思维、顿悟思维。这更要求人们努力学习。

阅读案例"淄博烧烤为什么火",思考管理者的特质对成功的影响。

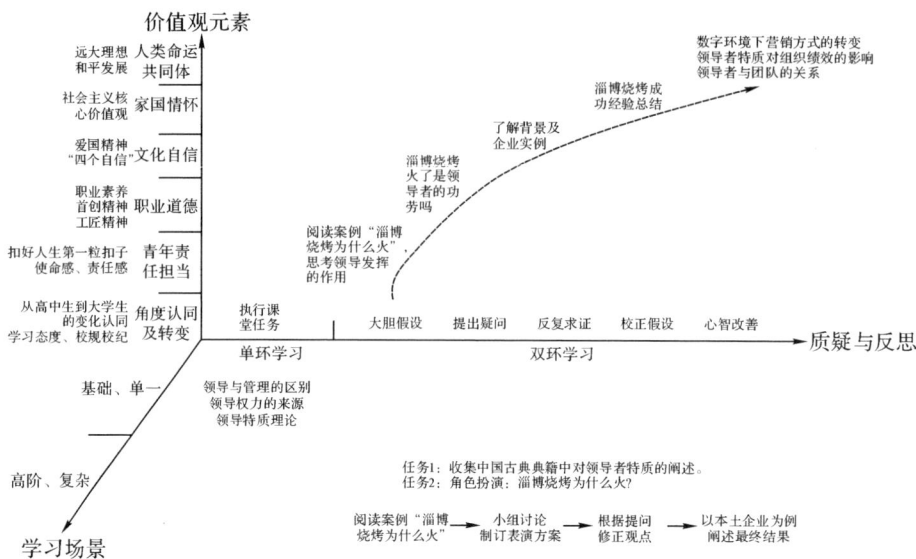

价值观元素

远大理想 人类命运
和平发展 共同体

社会主义核 家国情怀
心价值观

爱国精神 "四个自信"文化自信

职业素养 职业道德
首创精神
工匠精神

扣好人生第一粒扣子 青年责
使命感、责任感 任担当

从高中生到大学生 角度认同 执行课 大胆假设 提出疑问 反复求证 校正假设 心智改善
的变化认同 及转变 堂任务
学习态度、校规校纪

基础、单一 领导与管理的区别 单环学习 双环学习 质疑与反思
领导权力的来源
领导特质理论

高阶、复杂

任务1：收集中国古典典籍中对领导者特质的阐述。
任务2：角色扮演：淄博烧烤为什么火？

阅读案例"淄博 → 小组讨论 → 根据提问 → 以本土企业为例
烧烤为什么火" 制订表演方案 修正观点 阐述最终结果

学习场景

淄博烧烤成
功经验总结

了解背景及
企业实例

淄博烧烤
火了是领
导者的功
劳吗

阅读案例"淄博
烧烤为什么火"
思考领导发挥
的作用

数字环境下营销方式的转变
领导者特质对组织绩效的影响
领导者与团队的关系

图 5-3　基于"双环学习"理论的"管理学"课程思政教学设计案例二

（二）教学内容

领导者特质理论认为成功的领导基于领导者个人特质。领导者行为理论认为有效的领导与领导者的行动密切相关。领导者团队理论将研究对象从个人转向了集体，研究现代高层管理团队。

取势、明道、优术，体现了中华民族博大精深的管理智慧，深刻地揭示了一个管理者或者一个团队发展所必须具备的条件和能力。世界上最古老的兵书《孙子兵法》对"道"的解释是："道者，令民与上同意也，故可以与之死，可以与之生，而不畏危。"对"法（术）"的解释是："法者，曲制、官道、主用也。"对"势"的解释是："势者，因利而制权也。"

取势，是为远见。"取势"意为通过对现实事物的观察与研究，总结现象中所蕴含的规律，进而对未来发展的大势做出准确的判断与预测。"取势"的关键在于观察事物的视野、高度、角度与思维方式。"势"往往无形，却具有方向，顺势而上则事半功倍，逆势而动则事倍功半。所以，看准趋势比努力本身更重要。

明道，是为真知。"明道"意为通过观察与总结，正本清源，对事物发展的大道理做出规律性总结。"道"也包括做事的心态，涵盖对价值底线的尊敬，这些都是企业长期成功不可或缺的东西。"明道"的关键在于在合理"取势"的基础上，对现状做出合理的辨析并察未来发展之大势，找出真正符合"势"的发展规律。

优术,是为实效。"优术"意为不断提升方法,探索和积累实用的策略,积淀适合自己的经验,当然还要持续更新所需要的信息技术知识技能。"术"是能力,能力是知识、方法、策略和经验的集合体,术是智慧为指导,将抽象认知转化为具体行动的方法体系。三百六十行皆有不同的方法和经验,其针对性不同,但是确有精妙的相通之处。"术"也是可解决实际问题的流程和策略,是可以提高效果和效率的技巧。

从淄博烧烤案例可以看出,领导者的特质对于领导的成效有很大作用,简析如下:

取势:顺势而为,乘势而上,抓住时代的风口复盘。复盘淄博烧烤火爆起来的过程,我们不难发现,一开始,淄博官方并没有想到要在全市范围内掀起一场史无前例的"烧烤风暴"活动。但之后,淄博官方清醒强势介入,抓住机遇,顺势而为,乘势而上,使得烧烤热在淄博一路升级,也让其他兄弟地市的烧烤店商望尘莫及。

明道:大道至简,无招胜有招,全心全意为人民服务。心中无我,不负人民。用当地官方自己的话说就是:"什么都不在乎,只在乎自己的老百姓!"

优术:政府引导,上下联动。淄博烧烤不仅有台面上的美味产品,更重要的是有台面下的配套服务。让客户满意的关键是提供最好的交付,享受到最优的体验,而这些配套服务是单靠烧烤店老板无法完成的。

(三)教学实施

本案例以"淄博烧烤为什么火"为引导,深入分析数字化环境下领导力的内涵变化,增强学生的历史责任感,引导学生立大志、担大任,培育学生的系统思维和创新意识。本案例基于教师、学生、教学内容和教学方法等四大教学要素,运用二维矩阵的思路,从时间维度和活动维度来阐述教学实施过程。

课前。预习作业:开课前一周,通过钉钉群和学习通发布通知,请学生自学教材中的"领导与领导者"内容,同时观看学习通的视频资料,了解相关理论背景与理论内容。

课中。①问题导入。开篇问题:根据自学内容,领导者特质都有哪些? 领导行为理论都有哪些? ②信息化载体——小视频大效果。充分利用学生喜欢的短视频作为辅助手段,引导学生分析领导特质的影响因素和作用。③课堂讨论及案例分析。结合资料,发起课堂分组讨论,引导学生完成对预习问题和开篇问题的回答。根据理论知识中的关键要点,各小组梳理数字化变革对领导者特质的影响,并分析案例中的创新意识、系统思维是如何体现的。将小组讨论的框架作为作业的基础框架。

课后。在学习通发起讨论议题并布置作业,考查学生对课程知识点的掌握和对课程思政要点的理解。

（四）案例总结

将经典查阅与理论学习结合起来,塑造与改进学生的价值观。在教学过程中,首先重点学习知识点,并对知识点进行提问、测试。在这样的单环学习基础上,学生分组收集中国古代典籍中关于领导特质的描述。小组通过收集资料,准备情景模拟素材,表演火了的淄博烧烤背后的领导者的故事。通过表演、回答同学问题、小组间的比较和学习,学生进入双环学习阶段。此时引导学生深入思考,不断在思考基础上深入分析,观察和比较不同小组的思维方式和切入点,从而不断校正思维模式,形成满意的小组结论。

第二节　场景沉浸体验模式与方法

一、场景沉浸体验的基本架构

"品牌管理"是工商管理专业的核心课程,是一门综合性和应用性都很强的课程。杭电管理学院郑佳老师目前依托在中国大学 MOOC（慕课）平台自建的慕课资源在校内开设 SPOC,开展混合式教学。课程以立德树人为根本任务,深挖课程育人元素,不断探索课程思政建设的模式和方法,以"讲好中国品牌故事,弘扬中国品牌精神"为主题,基于"三元课堂"［虚拟课堂（MOOC/SPOC）、实体课堂和移动课堂］,创设学生全程深度参与的学习情境,实现学生场景沉浸体验,引导学生树立正确的品牌观,践行品牌强国战略。

课程基于"双环学习理论"进行课程思政教学设计:在价值观元素维度上,突出品牌强国、"四个自信"、中国品牌文化、中国品牌精神、民族自豪感、大局意识、工匠精神、国际视野等;在学习场景维度上,突出通过虚拟课堂（MOOC/SPOC）、实体课堂和移动课堂创造学生场景沉浸体验;在质疑与反思维度上,突出反思性讨论、多元观点对比、预测未来趋势、企业参观访谈等促进双环学习,引导学生塑造与提升价值观。

三元课堂的教学设计如下:

一是虚拟课堂。以学生自学和同伴交流为主,教师指导为辅,完成课前和课后的学习任务。学生在线学习知识点并参与线上话题讨论,在线讨论以时事引导,深化育人元素。例如:"中国品牌已跨进在国际舞台展示中国形象、传播中国精神的 3.0 时代。哪一个崛起中的中国品牌让你印象深刻?"

二是实体课堂。将课堂活动模块化,通过专题讨论、主题辩论、成果展示等模块,拓展学生学习的深度和广度,创设学生深度参与和积极互动的学习情境,激发学生学习热情。例如,新冠疫情初期,互联网巨头企业纷纷入局社区团购,引发媒体广泛讨论。《人民日报》发表评论,指出:掌握着海量数据、先进算法的互联网巨头,理应在科技创新上有更多担当。别只惦记着几捆白菜、几斤水果的流量,科技创新的星辰大海,其实更令人心潮澎湃。2020 年以"社区团购"为主题,组织学生在课堂讨论,其中就社区团购市场前景的研判,采用了正反方辩论的形式展开。2022 年基于最新的时事文章,又以"社区团购,退潮还是重生"为主题展开研讨,跟踪社区团购的发展。

三是移动课堂。组织学生到企业参观访谈,深入了解现实企业的品牌管理工作,理论联系实际,提高学生实践能力。除了组织学生到娃哈哈、可口可乐、味全等知名企业参观访问外,还关注小微企业品牌建设,开展系列探店活动。2022 年到暗盒咖啡参观访谈,深入了解小微企业品牌传播的途径和方法,基于企业在疫情期间的生存和发展,学生深刻体会到小微企业创业者面对挫折和挑战时不断寻求突破的奋斗精神。

二、场景沉浸体验典型案例一

本案例为"品牌传播(广告)"课程思政教学设计,详见图 5-4。本次课程主要通过虚拟课堂和实体课堂创设学生场景沉浸体验,促进学生反思与双环学习,引导学生树立正确的价值观。

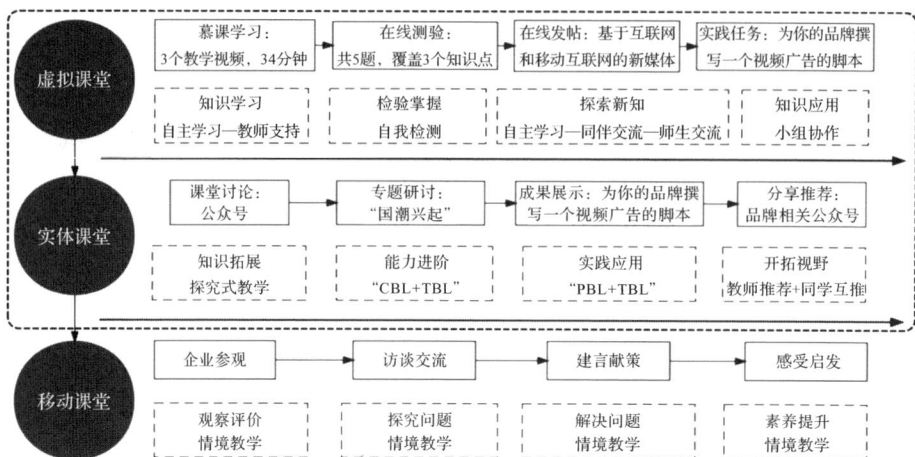

图 5-4　基于双环学习理论的"品牌管理"课程思政教学设计案例一

（一）教学分析

学生在课前已通过中国大学 MOOC 平台学习了品牌传播的概念和方式、广告的分类和特征、广告设计的原则共 3 个知识点，3 段教学视频共计 34 分钟；完成课前测验 1 次，共 5 题，覆盖全部知识点；参与主题讨论 1 次（基于互联网和移动互联网的新媒体）；完成实践任务 1 项（为你的品牌撰写一个视频广告的脚本）。通过对学生课前学习行为和学习效果的分析统计，做如下学情分析。

（1）知识掌握情况

①已具备的知识基础。

课前 5 个测验题目都为多选题，覆盖课前所学教学视频中的全部知识点：品牌传播的基本方式有哪些？品牌传播的内容元素有哪些？一个典型的广告活动由哪些要素构成？选择广告媒体时，一般要考虑哪些影响因素？广告设计一般应遵循哪些原则？

通过学生在线测验可知，大部分学生对知识点的掌握情况较好，各个题目的正确率如图 5-5 所示。

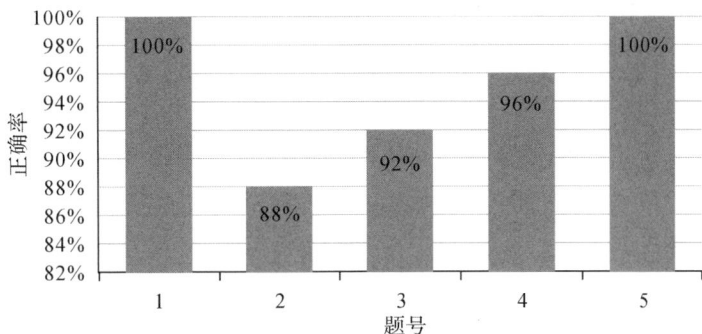

图 5-5　课前测验各题目正确率

②需提升的知识学问。

学生课前测验第 2、3、4 题的正确率情况表明尚有个别同学对品牌传播的内容元素、广告活动的构成要素和媒体选择的影响因素理解不到位。第 2 题,对于品牌传播的内容元素,忽视了"抽象元素";第 3 题,对于广告活动的构成要素,忽视了受众;第 4 题,对于媒体选择的影响因素,忽视了消费者的媒体偏好。

(2)能力水平分析

①已具备的能力水平。

学生已经学习过市场营销学、管理学、企业战略管理等前导课程。通过学生前期的学习表现可知,学生思维较为活跃,发言积极性高,乐于和老师交流,团队合作意识较强,已具备了较好的信息检索能力、团队沟通与协调能力,有利于课堂研讨和小组合作完成任务。

课前在线讨论题目为:你知道哪些基于互联网和移动互联网的新媒体或者比较新颖的广告形式?学生线上发帖较为积极,共发布了 50 条,涉及短视频营销、博主软广硬广推广、APP 弹窗、影视综艺植入、网络互动社区等各种新媒体和新的广告形式。这说明学生学习积极性高,对新兴媒体也具备一定的洞察力和敏锐性。

②需发展的能力素养。

前期调研中关于学生自制力问题的调研结果表明 85％的学生对自身学习自制力的认知为中等和差,需要教师在课前微信群发布学生在线学习进度并提醒督促学生及时完成课前学习任务,说明学生自觉、自主学习的能力有待提升。

此外,通过对前期学生学习表现和学习行为的分析,可知学生在专题讨论中对企业实际品牌管理问题的分析浮于表面,深挖原因和探究底层逻辑的能力略显不足。通过对前期学生作业的分析,发现学生创新能力还有待提高。

(3)思想状态分析

①已具备的思想状态。

通过前期学习积累,学生基本树立了正确的品牌观,了解了中国民族品牌发展历程,对中国品牌文化和中国品牌精神也有了较为深刻的理解,学生能够深刻领会学习品牌管理课程的意义,学科情感较为深厚,目标感显著增强。

②需提升的思想状态。

在课间和课后与学生的交流中发现,学生对于在未来承担起振兴中国品牌的使命没有底气,信心不足,需要在教学中进一步激发学生的文化自信和使命感,引导学生将理论知识和实践经验运用到我国自主品牌的创建和管理上,使学生具有家国情怀和国际视野,成为有能力、有担当、大格局的品牌管理人才。

(二)教学目标

本课程构建了"三元课堂":虚拟课堂、实体课堂和移动课堂。本次课主要通过虚拟课堂和实体课堂完成教学任务,达成教学目标。基于学情分析和本次课的教学目标(表 5-1),分为虚拟课堂教学内容和实体课堂教学内容。

表 5-1　案例一的教学目标

虚拟课堂	知识目标	(1)掌握品牌传播的概念和方式、广告的分类、特征和设计原则。 (2)了解基于互联网和移动互联网的新媒体和新的广告形式。
	能力目标	(3)通过团队协作,能够为品牌设计完整的广告方案,将创意落实到实践。
实体课堂	能力目标	(4)通过专题讨论,能够深入分析部分中国自主品牌在发展中的问题并提出解决策略。
	素质目标	(5)深刻领会中国品牌文化和中国品牌精神,树立民族自豪感,培养振兴民族品牌的使命感和责任感。

(1)虚拟课堂

①师生交流。

教师在线发布讨论话题和学习任务单,通过 MOOC 讨论区和班级微信群答疑解惑,指导学生完成实践任务作业。

②学生任务。

学生课前任务主要包括自主学习和与同伴交流,详见表 5-2。

表 5-2 虚拟课堂学生课前学习任务

学习方式	任务类型	学习任务	完成方式
自主学习	知识点学习	(1)品牌传播的概念和方式。 (2)广告的分类和特征。 (3)广告设计的原则。	在线观看教学视频
	测验（多选题）	(1)品牌传播的基本方式有哪些？ (2)品牌传播的内容元素有哪些？ (3)一个典型的广告活动由哪些要素构成？ (4)选择广告媒体时，一般要考虑哪些影响因素？ (5)广告设计一般应遵循哪些原则？	在线测验
与同伴交流	话题讨论	你知道哪些基于互联网和移动互联网的新媒体或者比较新颖的广告形式？	在线发帖
	实践作业	为你的品牌撰写一个视频广告的脚本。	小组合作

学生自主学习部分，目的在于实现对理论知识的掌握，线上测验覆盖 3 个知识点的全部重点内容，教师通过查看学生答题情况了解学生学习效果。其中，第 1 个知识点通过耐克、可口可乐等知名品牌案例阐述品牌传播的意义，指出品牌传播是品牌定位的实现途径，品牌传播的内容包括品牌名称、视觉元素、听觉元素和抽象元素，品牌的抽象元素包括清晰明确的核心价值、深厚的文化内涵、独特的叙事方式和品牌故事。第 2 个知识点以恒丰银行在奥运会期间的广告为案例，阐明广告是一种主要的品牌传播手段，其作用和效果极为显著；一个典型的广告活动由广告主、广告媒体、广告费用、广告受众和广告信息 5 个要素构成，不同的广告媒体有不同的特点，企业要根据广告目标的要求，综合考虑产品性质、消费者接触媒体的习惯、媒体的传播范围、媒体的影响力和媒体费用 5 个因素。第 3 个知识点指出广告效果不仅取决于广告媒体的选择，更取决于广告设计的内容和质量，高质量的广告一般遵循真实性、社会性、针对性、感召性、简明性和艺术性 6 个原则来设计。

与同伴交流部分，话题讨论聚焦基于互联网和移动互联网的新媒体和广告形式，目的在于让学生实时洞察和掌握新商业环境下品牌传播新方法和发展趋势。学生通过信息检索和与同伴交流在线上发帖；实践作业要求学生为学期初就已建立的自己的品牌撰写一个视频广告的脚本，目的在于激发学生的想象力和创新思维，学生通过小组合作的方式集思广益，共同完成。

（2）实体课堂

实体课堂即线下课堂，课程采用 OCAS（object-content-activity-strategy）设计法，将课堂活动模块化。基于全过程的学情调研和把控，动态调整教学任务。每次课先确定教学目标（object）和教学内容（content），选择不同模块的教学活动（activity）和适合的教学策略（strategy），融入相应育人元素。通过专题讨论、情景模拟、主题辩论、实践任务等模块，激发学生学习热情。基于本次课的学情分析和教学目标，课堂教学内容主要由五部分构成。

第一部分是专题讨论——"国潮兴起"。

提前推送文章《完美日记、花西子、元气森林等国潮品牌崛起，背后原因没那么简单》，设置层层深入的6个问题：

①元气森林的品牌定位是什么？它如何把这种定位注入消费者的心智？

②完美日记的品牌定位是什么？它如何把这种定位注入消费者的心智？

③你对波司登的品牌认知是什么？你认可波司登属于"新潮牌"吗？

④妙可蓝多 vs 百吉福，你认为妙可蓝多在未来应如何使自己保持市场领先？

⑤对于文章中的这句话——"效果广告是让人'买'，品牌广告是让人'爱'。没有爱的'买'，无法持久；没有买的'爱'，不是真爱"，你是如何理解的？

⑥你对"新国潮"的理解是什么？"国潮兴起"背景和条件有哪些？你看好其未来的发展吗？

学生以小组为单位认领题目，集体讨论，分享观点。通过专题讨论，引导学生深入分析中国自主品牌发展的成效和经验，激发学生的民族自豪感。

第二部分是线上讨论上墙——基于互联网和移动互联网的品牌传播新媒体。

在学生课前所发帖子中选择精华帖子在课堂展示并进一步探讨，这是对在线话题的深入展开，也是对学生的一种鼓励，以此提升学生线上发帖积极性。

第三部分是课堂讨论——公众号。

设置引导型问题，从学生自己关注的公众号导入，层层递进，引出课下练习：

①推荐一个你最喜欢的公众号给大家，说明你的推荐理由。

②你会被公众号上的品牌广告打动吗？

③这些文案会影响你对某一品牌的看法吗？会影响你的购买行为吗？

④公众号上的广告（软文和硬广）从风格和内容上可以分为哪几种类型？

第四部分是实践任务成果分享——为你的品牌撰写一个视频广告的脚本。

任务要求：为你的品牌写一个视频广告脚本（包括创意、内容、实现方式、时长等),阐述你的创意理念,说明你的广告作品如何体现品牌核心价值。结合产品的性质、消费者接触媒体的习惯、媒体的传播范围、媒体的影响力和媒体的费用等因素选择适合该广告投放的媒体,如选择哪些电视台,具体什么栏目和时段,或者选择哪些网站,具体什么频道和形式。此次脚本撰写任务考察学生的创新能力,媒体选择任务考察项目的可行性。

第五部分是评价与总结。

包括单次课调研,了解学生本次课的收获和思考、问题和建议以及对各教学模块的评价;推荐公众号"品牌几何""品牌观察报""国际品牌观察",拓宽视野,满足学生的个性化学习需要;布置课下作业——任选一种类型,为你的品牌撰写一篇适合在公众号发布的软文,并说明你打算发布在哪些公众号上。

(三)教学策略

本次教学的重点包括:①使学生掌握品牌传播的概念和方式、广告的分类、特征和设计原则并追踪研究基于互联网和移动互联网的新媒体和新的广告形式。②使学生能够运用所学理论和方法深入分析中国品牌发展问题。

本次教学的难点包括:①使学生能够为品牌设计完整的广告方案并将创意具体落实,提升创新能力和实践能力。②使学生深刻领会中国品牌文化和中国品牌精神,树立民族自豪感,拥有振兴民族品牌的使命感和责任感,实现思政育人目标。

为解决教学重点①,通过"自主学习—教师支持",让学生熟练掌握知识点;基于话题式教学,通过"自主学习—同伴交流—师生交流",让学生追踪研究品牌传播的新方法、新形式。

为解决教学重点②,通过"基于案例的学习(case-based learning)+团队式学习(team-based learning)",让学生通过小组研讨的方式对给定案例进行探讨,问题设置层层深入,引导学生深挖原因和探究底层逻辑,提高学生分析和解决复杂问题的能力。

为解决教学难点①,通过"基于问题的学习(problem-based learning)+TBL",以创建自主品牌为主线,"一案到底",让学生以小组为单位创立自己的品牌,提高学生的积极性,激发学生的创新能力。

为解决教学难点②,打造"三元课堂",教学内容隐性融入思政育人要素,创设沉浸式育人情境,让学生在潜移默化中深刻领会中国品牌文化和中国品牌精神,树立民族自豪感,增强振兴民族品牌的使命感和责任感,实现"知—信—行"三位一体。

三、场景沉浸体验典型案例二

本案例为"品牌传播(广告)"课程的继续,故承接案例一的课程思政教学设计(图 5-4),教学设计图不再重复展示。本次课主要通过移动课堂创设学生场景沉浸体验,促进学生反思与双环学习,引导学生树立正确的价值观。

(一)教学分析

学生在案例一中完成的学习任务及相关情况见表 5-3。

表 5-3　已完成的学习任务

课堂形式	任务类型	学习任务	完成方式	学习效果
虚拟课堂	知识点学习	(1)品牌传播的概念和方式。 (2)广告的分类和特征。 (3)广告设计的原则。	在线观看教学视频	完成率 100%
	测验(多选题)	(1)品牌传播的基本方式有哪些? (2)品牌传播的内容元素有哪些? (3)一个典型的广告活动由哪些要素构成? (4)选择广告媒体时,一般要考虑哪些影响因素? (5)广告设计一般应遵循哪些原则?	在线测验	第 3 题正确率 88%,其余正确率 90% 以上
	话题讨论	你知道哪些基于互联网和移动互联网的新媒体或者比较新颖的广告形式?	在线发帖	积极参与,质量较高的回帖 50 条
	实践作业	为你的品牌撰写一个视频广告的脚本。	小组合作	脚本具有创新性
实体课堂	专题研讨	"国潮兴起"。	小组合作	逻辑清晰,论据充分
	课堂讨论	公众号。	提问回答	积极参与,答案切题
	实践任务	为你的品牌撰写一个视频广告的脚本。	成果展示	阐述清晰,富有激情

通过对学生学习行为和学习效果的分析,结合学生反馈和调研,做如下学情分析。

(1)知识掌握情况

大部分学生对知识点的掌握情况较好,测验题目正确率较高。个别同学对于品牌传播的内容元素,忽视了"抽象元素";对于广告活动的构成要素,忽视了受众;对于媒体选择的影响因素,忽视了消费者的媒体偏好。以上问题已讲解,消除了知识盲点。

(2)能力水平分析

①已具备的能力水平。

学生已经学习过"市场营销学""管理学""企业战略管理"等前导课程,学科基础较好。通过课程前面章节的学习表现,可知学生思维较为活跃、发言积极性高、乐于和老师交流,团队合作意识较强,已具备了较好的信息检索能力、团队沟通与协调能力。

在线讨论聚焦基于互联网和移动互联网的新媒体和新的广告形式。学生线上发帖较为积极,共发布了 50 条,涉及短视频营销、博主软广硬广推广、APP 弹窗、影视综艺植入、网络互动社区等各种新媒体和新的广告形式,这说明学生学习积极性较高,对新兴媒体具备一定的洞察力和敏锐性。

②需发展的能力素养。

前期调研中有一道题是:你觉得你分析和解决现实企业品牌管理问题的能力如何? 17%的学生认为自己该方面的能力强,25%的学生认为自己该方面的能力较强,而 58%的学生则认为自己该方面的能力一般及以下。

开展移动课堂,到企业参观调研、深度访谈,深入了解现实企业实际品牌管理问题有助于解决上述问题。

(3)思想状况分析

①已具备的思想状态。

通过前期学习积累,学生基本树立了正确的品牌观,了解了中国民族品牌发展历程,对中国品牌文化和中国品牌精神也有了较为深刻的理解;学生能够深刻领会学习品牌管理课程的意义,学科情感较为深厚,目标感显著增强。

②需提升的思想态度。

在同学生在课间和课后的交流中发现,他们对于在未来承担起振兴中国品牌的使命没有底气,信心不足,需要在教学中进一步激发学生的文化自信和创新精神,引导学生将理论知识和实践经验运用到我国自主品牌的创建和管理上,使学生具有家国情怀和国际视野,成为有能力、有担当、大格局的品牌管理人才。

(二)教学目标

案例二的教学目标详见表 5-4。

表 5-4　案例二的教学目标

移动课堂	知识目标	通过调研深入了解小微企业做品牌的策略和进行品牌传播的途径和方法。
	能力目标	针对企业目前面临的问题,能够建言献策,提高分析问题和解决问题的能力。
	素质目标	关注小微企业在疫情期间的生存和发展,体会小微企业创业者在面对挫折和挑战时不断寻求突破的奋斗精神。

（三）教学内容

本课程构建了"三元课堂":虚拟课堂、实体课堂和移动课堂。本次课为移动课堂,主要是带领学生探店"暗盒咖啡·and Here 艺术空间",教学内容可分为如下几个部分。

在开展此次移动课堂之前,教师先行探店并对"暗盒咖啡"主理人进行初步访谈,了解企业发展历程和企业在疫情期间遇到的挫折和挑战以及作为小微餐饮企业如何进行品牌传播和宣传推广等问题,然后制定移动课堂的具体活动安排。

本次课主要以访谈的形式展开,分为五个部分。

（1）开场

教师回顾上节课内容,引出本次移动课堂的教学目标:除了大企业知名品牌,我们也要关注小微企业的品牌发展,深入了解小微企业如何做品牌,如何进行品牌传播。教师进一步通过数据指出在疫情期间小微企业受到的冲击和挑战。

（2）深度访谈

主要以教师主持、同学提问、主理人回答的形式展开,虽然以"问题引导",但不局限在"一问一答",基于一个问题根据对方的回答和反馈形成对话,营造交流的氛围。问题主要涉及以下八个方面:

①为什么会选择在疫情初期开一家咖啡店?（开店初衷）

②暗盒咖啡的品牌名称和品牌标志设计的理念是什么? 主要的目标客户是哪些人?（品牌理念和目标客户）

③暗盒咖啡的产品在原料和工艺上有什么独特的地方? 定价是偏高的吗?（产品和定价）

④暗盒咖啡是从哪些方面入手来营造目前这种氛围的?（环境营造）

⑤在疫情期间,暗盒咖啡面临的最大的问题和挑战是什么? 采取了哪些措施

来缓解疫情的影响?（疫情期间的品牌推广和营销策略）

⑥杭州市出台一系列政策助力疫情之后小微企业发展,比如在税收、金融服务和减少成本等方面,暗盒咖啡在这几年是否受惠于这些政策呢?（政府的政策帮扶）

⑦暗盒咖啡作为"网红店",是不是也吸引了很多"网红"来打卡?"网红"打卡是不是对提高暗盒咖啡的品牌知名度有所帮助?（"网红店"的两面性）

⑧暗盒咖啡未来是否有开分店的规划,后续将以什么方式扩张?是继续开自营店还是考虑品牌加盟的方式?（未来发展规划）

（3）建言献策

这部分以教师主持、主理人提问、同学回答的形式展开。主理人提出暗盒咖啡在现阶段经营中面临的最大的问题是什么,同学分组讨论,建言献策,助力小微企业品牌发展。

（4）创业建议

暗盒咖啡主理人作为创业者、过来人,对有创业梦想的年轻人给出具体的创业建议,提示风险,并对年轻人创业给予鼓励和祝福。

（5）总结

同学们交流此次移动课堂的感受,分享收获和启发。教师总结此次访谈的主要内容并布置作业——为暗盒咖啡写一个 200 字以内的宣传文案,并且说明文案适用于哪些媒体。

（四）教学策略

本次教学的重点包括:①使学生通过调研深入了解小微企业做品牌的策略和进行品牌传播的途径和方法。②基于小微企业在疫情期间的生存和发展,让学生感受到小微企业创业者在面对挫折和挑战时不断寻求突破的奋斗精神。

本次教学的难点包括:①针对企业目前面临的问题,能够建言献策,提高分析问题和解决问题的能力。

为解决教学重点①,基于"情境教学",通过探店观察和深度访谈的方式让学生了解小微企业做品牌的策略和进行品牌传播的途径和方法。

为解决教学重点②,基于"情境教学",通过深度访谈的方式探究小微企业在疫情期间的生存和发展状况,让学生深刻体会小微企业创业者在面对挫折和挑战时不断寻求突破的奋斗精神,实现素质提升。

为解决教学难点①,基于"情境教学",通过小组讨论的方式,使学生能够针对现实企业的品牌问题,建言献策,提高学生分析问题和解决问题的能力。

第三节　交叉学科研讨模式与方法

一、交叉学科研讨的基本架构

杭电管理学院胡保亮与闫帅老师主讲的"商业模式管理"课程专门研究和探讨在动态的商业环境中企业创造价值、传递价值和获取价值的基本原理和方法工具。通过该课程的学习,学生在知识、能力和素质等方面应达到以下目标:树立在复杂多变商业环境中进行商业模式创新以提升企业竞争力的理念,正确认识商业模式及其创新价值;掌握商业模式画布理论,具备运用系统思维描述和分析商业模式的能力;掌握设计商业模式的技术与方法,具备设计商业模式的技能,能够体会作为"商业模式设计者"所应具备的思维方式;掌握商业模式创新的流程和策略,具备改进和创新商业模式的能力,能够在商业模式创新中遵守商业伦理和承担社会责任。

该课程以双环学习理论为指导进行课程思政教学设计,详见图5-6。具体来说:在价值观元素维度,该课程聚焦于系统观与方法论(商业模式研究)、合规合法与社会责任(商业模式运营),以及向上向善与持续迭代(商业模式创新)三个方面;在学习场景维度,该课程聚焦于"交叉学科研讨设计",即课前明确主题和多学科要求、学生全情投入,以及课中小组汇报、小组自我评价、组间互评、反面案例分享、正面案例分享、教师全程导控等活动环节;在质疑与反思维度,该课程教学设计的关键要点主要体现在作业点评驱动反思、反面案例分享驱动反思、正面案例分享驱动反思、教师纠错导正驱动反思等活动环节。从长远看,三个维度的协同将通过高频率的良性循环,共同推动"商业模式管理"课程思政育人效果的螺旋式提升。

二、交叉学科研讨典型案例一

本案例为"融入系统观、方法论的商业模式认知思维构建与科学工具探索"。

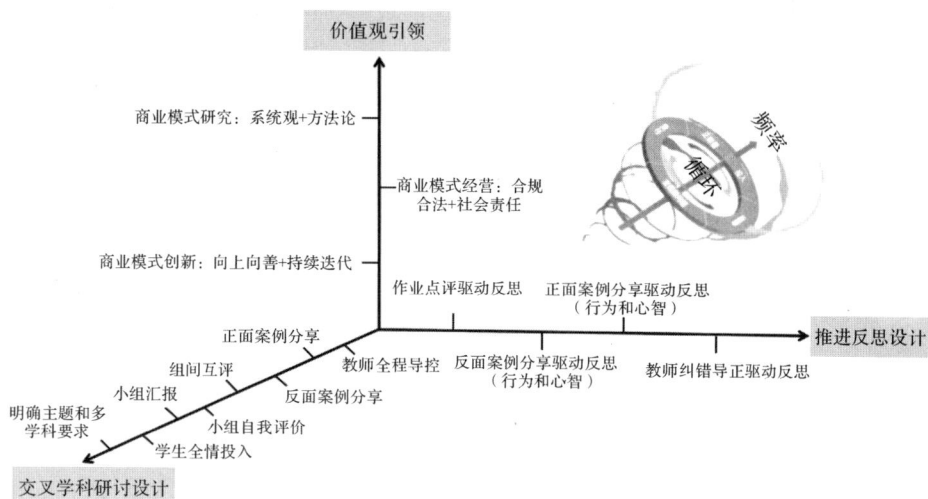

图 5-6　基于双环学习理论的"商业模式管理"课程思政教学设计

（一）对应的知识点及其教学目标

该案例对应的知识点是如何使用商业模式画布工具对企业的商业模式进行分析。商业模式画布包括九个基本构造块，覆盖了商业模式的四个主要方面：客户、提供物、基础设施和财务生存能力。这九个基本构造块是：客户细分、价值主张、渠道通路、客户关系、收入来源、核心资源、关键业务、重要合作、成本结构。

从本质上讲，商业模式画布是一种用来描述商业模式、可视化商业模式、评估商业模式以及改变商业模式的通用语言。如果没有这样一种共同语言，很难系统性地去认知某个组织的商业模式，并成功地应对创新挑战。

因此，这一个知识点要实现的具体教学目标是：培养学生运用系统思维描述和分析商业模式的能力；培养学生不断研究开发更有利于商业模式分析的方法或工具的探索精神。

（二）价值观引领设计

教师深度提炼"商业模式画布知识点和教学目标"背后所体现的价值观，并对价值观的正确性、科学性、规律性进行反复思考和论证，从而明确该知识点在讲授和传播过程中的价值观引领指向。围绕该知识点，确立了两个主要的价值观引领指向，分别是系统思维和科学方法探索。

（1）系统思维

坚持系统观念是习近平新时代中国特色社会主义思想的立场观点方法之一，

具有深厚的马克思主义哲学基础。所谓系统的观点,即普遍联系的、全面系统的、发展变化的观点。万事万物都是相互联系、相互依存的;整个世界是相互联系的整体,也是相互作用的系统;万事万物都是作为系统而不断发展变化的,没有永恒不变的事物。因此,只有用普遍联系的、全面系统的、发展变化的观点观察事物,才能把握事物发展规律。

商业模式画布中系统思维的核心体现在:将商业模式视为一个活动系统;商业模式画布由九个格子组成,每一个格子代表一个关键要素,所有的格子要素之间都是密不可分、相互影响的(图 5-7)。

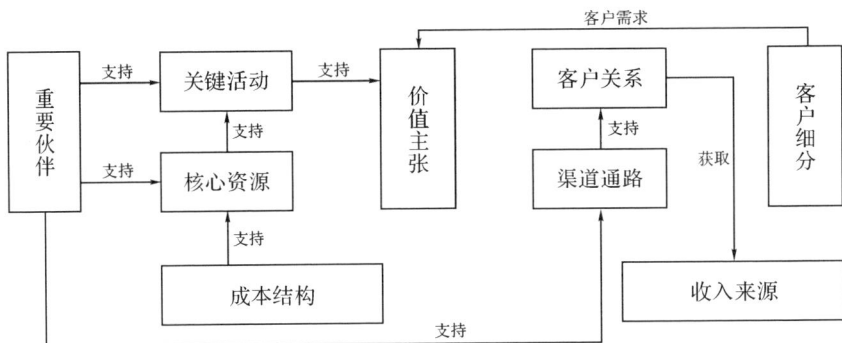

图 5-7　商业模式画布中系统思维的体现

(2)科学方法探索

方法论,就是关于人们认识世界的方法的理论,即人们用什么样的方式、方法来观察事物和处理问题。方法论的核心思想是"方法即目的",也就是说,选择合适的方法是达成目标的关键。在研究过程中,我们需要根据研究的目的和问题的性质来选择最适合的方法。

围绕"商业模式"的分析方法或工具,很多研究者进行了相关研究,并得出不同的商业模式分析方法或工具。每一个方法或工具在对商业模式的系统性认知上都存在或多或少的不足,比如马克·约翰逊(Mark Johnson)提出的四要素模型(顾客价值主张、核心资源、关键流程、盈利模式)只能用于企业内部运营分析,无法用于对顾客、企业间合作的分析。虽然商业模式画布这一方法体现了较强的系统性,但是该方法或工具在对商业模式认知的动态性和发展性上仍存在局限。这将为未来商业模式认知方法或工具的开发和优化提供启发。

（三）交叉学科研讨设计

交叉学科研讨设计需要有一个清晰的主题和议程，确定需要讨论的问题和重点，同时也需要考虑如何吸引学生参与讨论和交流。

（1）前情回顾

在上一次课中，向学生介绍了商业模式的相关定义。

（2）研讨主题

拼多多的商业模式是怎样的？

（3）研讨前的安排

将学生分成 6 组，每组 5 人或 6 人。要求各小组围绕拼多多的商业模式充分搜集相关资料，进行研讨前的组内讨论，并在课堂研讨中分享组内讨论结果。商业模式不仅涉及商业领域，还涉及经济学、市场营销、战略管理等多个领域，因此，要求资料内容体现多学科性，组内讨论体现多视角化。

（4）研讨中的设计

首先，主持人（教师）请各小组汇报人对研讨前所形成的关于拼多多商业模式的讨论结果一一进行汇报分享。

其次，主持人（教师）引导各小组对自己的分析进行点评，说出缺点在哪里。同时，重点引导各小组进行组间互评：是否相对系统地看到了拼多多商业模式的全貌？看到了拼多多商业模式的哪些方面？未识别到拼多多商业模式的哪些方面？

最后，主持人（教师）引导学生深度反思他们在任务完成过程中存在怎样的问题；通过向学生介绍多个商业模式解构工具（包括商业模式画布），引导学生从方法探究上深度思考如何更加系统地呈现商业模式的全貌。

（5）研讨后的体会

要求学生撰写研讨体会，对讨论效果进行整理和分析。

（四）推进反思的方法设计

（1）单环学习反思：从分析结果引导学生反思对拼多多商业模式进行分析的过程

通过各小组的汇报分享、自我评价、组间互评，主持人引导学生集体反思并总结他们在分析拼多多商业模式过程中存在怎样的共性问题。

尽管在讨论前已经向大家介绍了商业模式多个内涵的界定，并形成了统一的概念认知（商业模式描述了企业如何创造价值以及传递价值和获取价值的基本原理),但是每个小组对案例企业(拼多多)商业模式的描述并没有较系统地反映出其内在逻辑。

整体上讲,各小组在资料搜集、学习和组织讨论等环节存在混乱、无序、零散等问题,因而对拼多多商业模式的分析结果存在诸多局限和错误。

这一环节主要属于学习行为的反思,如图 5-8 所示。

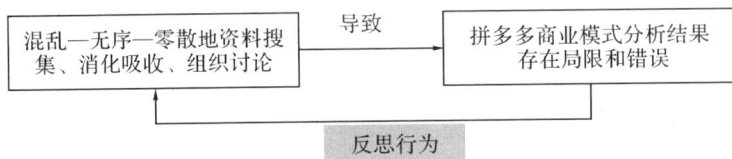

图 5-8　拼多多商业模式分析过程中的单环学习反思

(2)通过商业模式画布介绍,启发学生反思如何构建更加系统的认知思维

上一环节引导学生总结并评价了他们的作业结果。学生们只看到了拼多多商业模式的某些局部,对其缺少系统性认识,而这主要缘于学生对商业模式的认知并没有提前建立基于多学科交叉融合的相对系统的思考边界。因此,这一环节主要是为了帮助学生建立对商业模式的系统认知。

首先,教师向学生介绍商业模式画布,并分析这一工具的系统性优点。然后,教师引导学生使用商业模式画布工具将分析结果整合在一起,呈现出拼多多商业模式的系统面貌(图 5-9)。

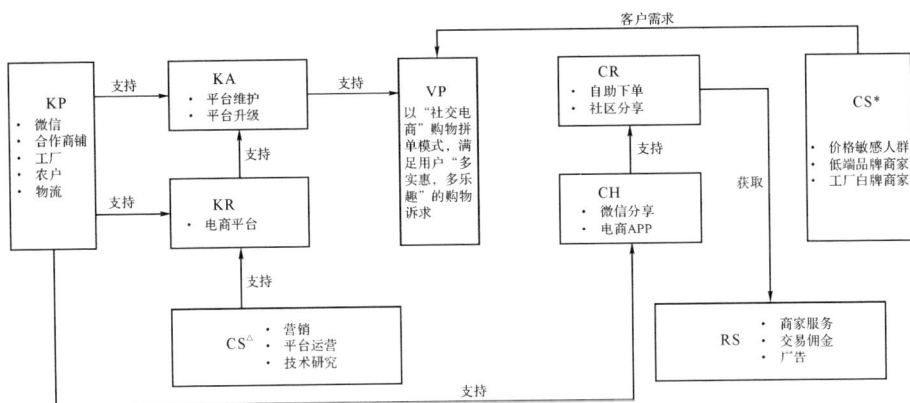

图 5-9　基于商业模式画布的拼多多商业模式的系统呈现

注:KP (key partners),重要伙伴;KA (key activities),关键活动;KR (key resources),核心资源;VP (value propositions),价值主张;CR (customer relationships),客户关系;CH (channels),渠道通路;CS* (customer segments),客户细分;CS△ (cost structure),成本结构;RS (revenue streams),收入来源。

这一环节属于学生心智模式的反思(图 5-10)。

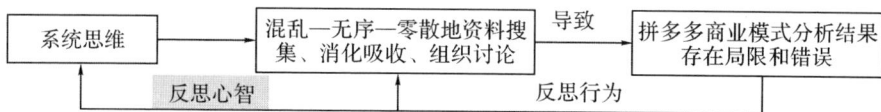

图 5-10　商业模式分析"系统思维"反思

(3)通过对商业模式解构工具的对比与介绍,鼓励学生不断进行科学方法的探索

上一环节引导学生认识到对商业模式的分析要具有系统思维,商业模式画布正是一个能够对商业模式进行系统分析的有力工具。但是,除了商业模式画布工具以外,很多研究者都对商业模式进行了分析方法或工具的探索。因此,这一环节主要激发学生的方法探究精神。

Amit 和 Zott(2001)将商业模式划分为三要素:交易内容、交易结构和交易治理。Chesbrough(2002)将商业模式划分为六要素:价值主张、目标市场、内部价值链结构、成本结构和利润模式、价值网络、竞争战略。马克·约翰逊提出四要素模型:顾客价值主张、核心资源、关键流程、盈利模式。与商业模式画布相比,这三个模型在简易性、可视化、系统性等方面相对欠缺。尽管如此,商业模式画布也有其局限性,从每个模块的命名方式来看,商业模式画布记录的只是静态的东西,无法直接想象这个模式具体是怎么运作的。因此,需要不断进行科学方法的探索,以找到更完善的方法用于商业模式分析。

综上,这一环节也属于学生心智模式的反思(图 5-11)。

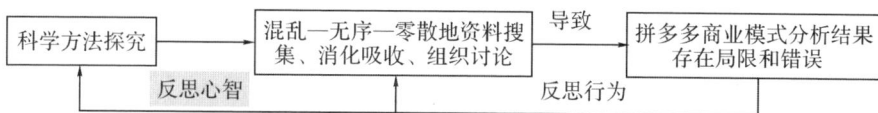

图 5-11　商业模式分析"科学方法探究"反思

(五)进一步讨论三维关系

下面围绕本案例中"价值观引领设计""交叉学科研讨设计""推进反思设计"的内在关系做进一步的讨论。图 5-12 是三个维度内在关系的可视化呈现。

首先,依托"交叉学科研讨设计"中的小组自我评价、组间互评两个重要环节,教师推动学生对课前的学习过程进行反思,包括资料搜集、消化吸收、组织讨论

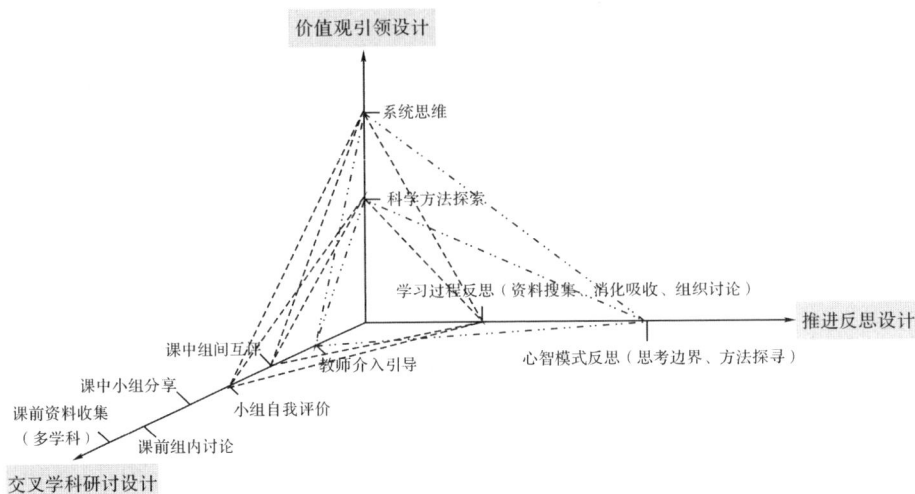

图 5-12　案例一的三维关系

等。在反思过程中,帮助学生找到隐含的心智模式,即非系统思维、方法探寻缺失(见图 5-12 中短线虚线)。

其次,依托"交叉学科研讨设计"中的小组自我评价、组间互评两个重要环节,教师通过系统工具的介绍、多种方法的研究与比较,推进学生对隐含的心智模式的反思,引导他们找到并建立正确的心智模式,即构建系统思维、坚持科学方法探索(见图 5-12 中点线组合虚线)。

三、交叉学科研讨典型案例二

本案例为"融入多方位思考的商业模式创新非伦理反思与规范坚守"。

(一)对应的知识点及其教学目标

该案例对应的知识点是"识别商业模式创新中常见的非伦理问题"和"坚守商业模式创新中的伦理规范"。

商业模式创新中存在着各种各样的非伦理问题。市场参与者为了争夺市场份额,可能以各种手段或理由破坏市场规则和违背道德伦理,存在如隐私侵犯、数据造假、虚假广告等问题。这些问题主要分布于商业模式创新中的价值创造、价值传递、价值获取等各个环节。

商业模式创新中的企业伦理规范的坚守主要体现在对内规范和对外规范两个方面。其中,对内规范主要包括对股东和员工的伦理规范,对外规范主要包括对消费者和环境(生态、市场、社会)的伦理规范。

该部分的具体教学目标是:引导学生正确识别、分析与评价商业模式创新现象及其蕴含的商业伦理问题,初步构建使用正确的伦理认知驱动商业模式创新的能力;增强学生实践正确义利观、商业伦理道德观的主动性,遵循商业伦理、承担社会责任的意识,以及社会责任感。

(二)价值观引领设计

教师深度提炼"识别商业模式创新中常见的非伦理问题"和"坚守商业模式创新中的伦理规范"背后所体现的价值观,并对价值观的正确性、科学性、规律性进行反复思考和论证,从而明确该知识点在讲授和传播过程中的价值观引领指向。围绕该知识点,确立了四个主要的价值观引领指向,分别是诚信经营、以人为本、环境友好、公平竞争。

(1)诚信经营

所谓企业诚信经营,是指企业在市场经济活动中,始终把诚信作为第一要义,忠实履行各种契约的承诺,以体现自身的信用并塑造良好的企业形象,从而实现持久发展的商业活动过程。

(2)以人为本

以人为本原则,就是以人为目的,主张尊重人的自由和权利,将人视为最高价值。企业管理的本质是以人为中心,善待人、关爱人。以人为本原则具体内容主要有:第一,肯定人在企业中的价值和作用。第二,企业尊重和爱护员工。企业要尊重员工的权利和尊严,不仅要尊重和认可员工的工作和工作成果,而且要尊重员工的地位、人格、个性独立。第三,企业要真诚地关心员工利益,关心他们的工作和生活,关心他们的身心健康。第四,企业要理解员工所承受的压力和他们的内心情感体验,让员工在工作中体会到乐趣和幸福,并从精神上产生获得感和价值感。

(3)环境友好

企业的生态伦理指的是处理企业与生态关系的道德规范。面对日益严重的生态环境污染和资源枯竭问题,企业必须承担生态伦理责任。它要求企业在生产经营活动中,必须树立保护生态环境、尊重自然的伦理道德意识,正确处理人与自然的关系,以可持续发展为经营活动的指导原则,切不能因为追求经济效益而污染环境、破坏生态。

（4）公平竞争

公平竞争是竞争伦理的基本原则，首先要求规则的公平，即市场要为参与竞争的不同企业提供公平的政策、条件和环境，使得这些企业能够站在相同的起跑线上；更重要的要保证结果的公平，这不是说要使相互竞争的企业获得相同的结果，而是指公平的规则要有内部效度，使得优者胜、劣者汰，体现出不同经营效果的差异。

（三）交叉学科研讨设计

（1）研讨主题

商业模式创新中的非伦理与伦理。

（2）研讨前的安排

将学生分成4组，每组8人或9人。每个小组负责搜集一个价值观引领指向的相关案例资料，具体准备正反两个案例：一个案例体现商业模式创新的错误的价值观导向，另一个案例体现商业模式创新的正确的价值观导向。要求每个小组采用案例分析的多学科思考视角（运用多学科多视角论证案例行为的伦理和不伦理），如"诚信经营"涉及经济学、法学、管理学、心理学、社会学，再如"以人为本"涉及心理学、教育学、社会学、经济学、医疗/健康学、人力资源管理等。撰写案例分析结果，在课堂研讨中分享。

（3）研讨中的设计

第一步，主持人（教师）请每个小组汇报人依次对研讨前所形成的反面案例的非伦理分析结果进行汇报分享，重点从多学科多视角陈述非伦理的理由。

第二步，主持人（教师）请每个小组依次回答两个问题：反面案例企业的非伦理行为背后的错误价值观是什么？错误价值观的负面影响是什么？

第三步，主持人（教师）请每个小组依次回答两个问题：与反面案例企业错误价值观相对应的正确的价值观是什么？正确价值观的积极影响是什么？

第四步，主持人（教师）请每个小组汇报人依次对研讨前所形成的正面案例的伦理分析结果进行汇报分享。

（4）研讨后的体会

要求学生撰写研讨体会，对讨论效果进行整理和分析。

（四）推进反思的方法设计

（1）主题一"诚信经营"的反面案例和正面案例反思

第一小组分享的反面案例是"2019年瑞幸咖啡财务造假——欺骗"，正面案例是"华为成功的秘诀——诚信"。

通过请学生回答"瑞幸事件背后的错误价值观是什么?""错误价值观(欺骗)的负面影响是什么?"两个问题,引导学生对错误的心智模式进行反思(图 5-13)。

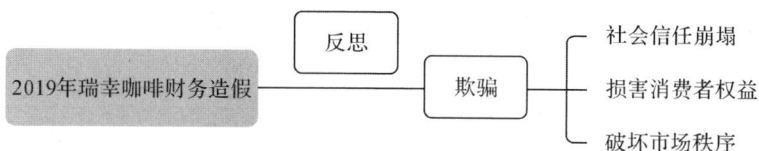

图 5-13 "诚信经营"反面案例反思

通过请学生回答"华为成功背后的正确价值观是什么?""正确价值观(诚信)的积极影响是什么?"两个问题,引导学生对正确的心智模式进行认同和强化(图 5-14)。

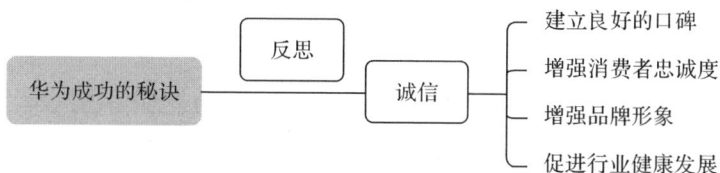

图 5-14 "诚信经营"正面案例反思

(2)主题二"以人为本"的反面案例和正面案例反思

第二小组分享的反面案例是"2020 年昆山世硕电子厂扔新员工工牌事件",正面案例是"胖东来的为商之道:把顾客当上帝,把员工当家人"。

采用同样的方式,引导学生进行反思,见图 5-15 和图 5-16。

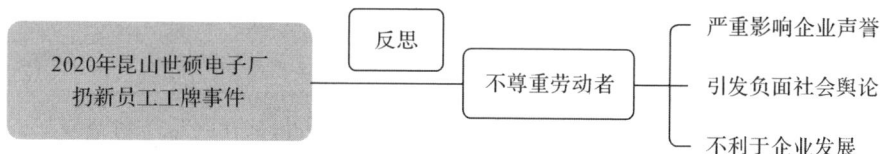

图 5-15 "以人为本"反面案例反思

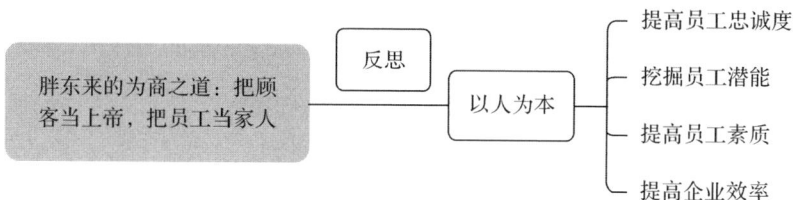

图 5-16 "以人为本"正面案例反思

（3）主题三"环境友好"的反面案例和正面案例反思

第三小组分享的反面案例是"新景源环保公司以'养蚯蚓'为名非法填埋污泥"，正面案例是"浙能集团'浙江碳普惠'——营造浙里低碳生活新风尚"。

采用同样的方式，引导学生进行反思，见图 5-17 和图 5-18。

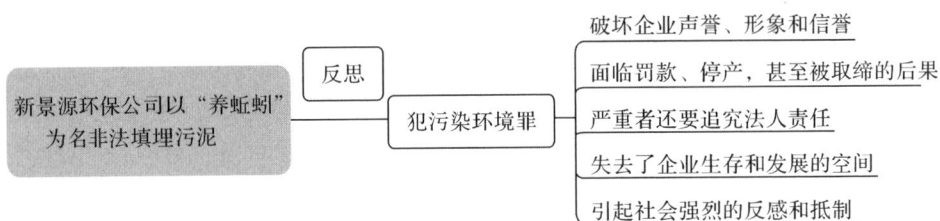

图 5-17 "环境友好"反面案例反思

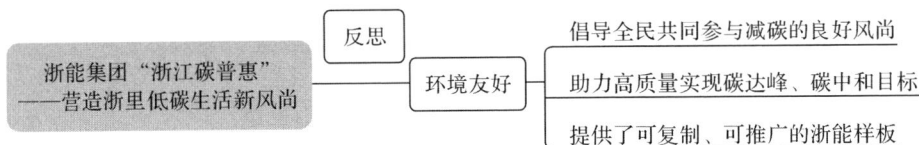

图 5-18 "环境友好"正面案例反思

（4）主题四"公平竞争"的反面案例和正面案例反思

第四小组分享的反面案例是"2021 年阿里网络零售平台服务市场'二选一'垄断行为"，正面案例是"京瓷：经营企业必须遵循'公平竞争'的原则"。

采用同样的方式，引导学生进行反思，见图 5-19 和图 5-20。

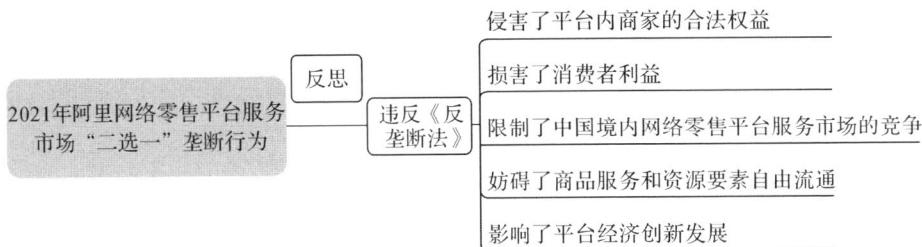

图 5-19 "公平竞争"反面案例反思

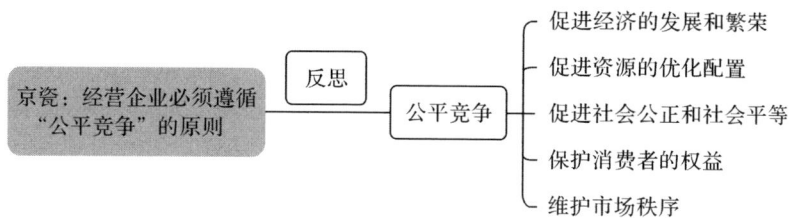

图 5-20 "公平竞争"正面案例反思

（五）三维关系进一步讨论

下面围绕本案例中"价值观引领设计""交叉学科研讨设计""推进反思设计"的内在关系做进一步的讨论。图 5-21 是三个维度内在关系的可视化呈现。

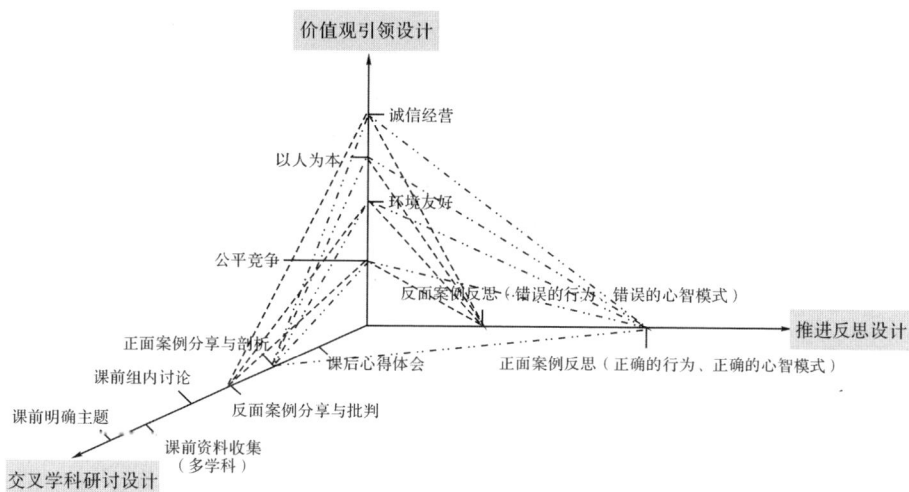

图 5-21 案例二的三维关系

首先，依托"交叉学科研讨设计"中的反面案例分享、错误价值观追溯、错误价值观负面影响分析三个环节，教师推进学生对错误行为的反思，从而进一步加强对错误价值观或错误心智模式的反思，即经营欺诈、不尊重员工、破坏环境、垄断竞争等（见图 5-21 中短线虚线）。

其次，依托"交叉学科研讨设计"中的正面案例分享、正确价值观追溯、正确价值观积极影响分析三个环节，教师推进学生对正确行为的认同，从而进一步加强对正确价值观或正确心智模式的反思，即诚信经营、以人为本、环境友好、公平竞争等（见图 5-21 中点线组合虚线）。

四、交叉学科研讨典型案例三

本案例为"商业模式创新的灵魂思考——价值向上向善与持续迭代"。

(一)对应的知识点及其教学目标

该案例对应的知识点是:"用什么样的指导原则可以帮助组织提出正确的价值主张?""商业模式创新是一次性的事情吗?"

在这个新时代,创造价值的一些新元素和沉睡中的旧元素被数据和数字化技术激活,在轰轰烈烈的数字化转型大潮中,人们正在用全新的思维对价值链进行优化与改造。无论是成熟企业,还是创业公司,抑或是创新型组织,都在重新审视商业环境、客户诉求、战略定位上的变化,寻找那些被忽视的需求、机会,重新识别行业边界、价值空地、组织痛点,重塑自身的商业价值。价值主张是商业模式的核心灵魂,明确价值主张,并根据价值主张来设计产品提供和提供服务是商业模式的关键步骤。

该部分的具体教学目标是:引导学生用正确的原则来思考商业模式创新的价值主张设计;增强学生实践正确义利观的主动性;培养学生的关爱之心或利他之心;让学生具有"守正创新"的意识和持续创新的理念,从而承担更多的社会责任。

(二)价值观引领设计

教师深度提炼"用什么样的指导原则可以帮助组织提出正确的价值主张"与"商业模式创新是一次性的事情吗"背后所体现的价值观,并对价值观的正确性、科学性、规律性进行反复思考和论证,从而明确该知识点在讲授和传播过程中的价值观引领指向。围绕该知识点,确立了两个主要的价值观引领指向:价值向上向善与持续创新迭代。

(1)价值向上向善

只有"向上而生和向善而行"才能构成新的商业文明。"向上而生"是企业充分借助新科技打造新生态,逐步实现自我蜕变。"向善而行"是企业自觉追求社会价值的体现,是满足客户需求的深层次归因。

(2)持续创新迭代

创新绝非一劳永逸的事情。今天的创新,很可能会成为明天被超越的对象,我们绝不能抱着原有的"创新"不放,而必须长久而持续地挖掘新的创新增长点。没有一项科技能够保持永久的领先地位,同样,没有一项创新可以使企业保持永久的优势。从根本上来说,持续创新不仅是一种策略,也是一种基本需要。持续创新的理念在于,企业需要不断地发掘新的商机,不断地提升产品、服务和管理水平。

（三）交叉学科研讨设计

（1）研讨主题

商业模式创新的灵魂思考——价值向上向善与持续创新迭代。

（2）研讨前的安排

将学生分成6组,每组5人或6人。各小组围绕多个问题进行讨论:"怎么理解'价值向上向善'?（要求多学科思考）""通过正反案例分析对比,运用多学科视角论证为什么要做到'价值向上向善'。""怎么理解'持续创新迭代'?（要求多学科思考）""通过正反案例分析对比,运用多学科视角论证为什么要做到'持续创新迭代'。"并且撰写案例分析结果,在课堂研讨中分享。

总体上,要求学生积极从伦理学、哲学、心理学、社会学、教育学、美学等多个学科、不同角度研究和探讨人们追求高尚价值和善良行为的动机和原则,以及如何将之应用于个体和社会的实践中。

（3）研讨中的设计

第一步,主持人（教师）请每个小组汇报人依次对研讨前所形成的"怎么理解'价值向上向善'""通过正反案例分析对比,论证为什么要做到'价值向上向善'"这两个问题的分析结果进行汇报分享。

第二步,主持人（教师）带动其他同学针对以上两个问题以及汇报小组的分析报告进行补充性发言,表达认同与不认同,并充分说明理由。

第三步,主持人（教师）请每个小组汇报人依次对研讨前所形成的"怎么理解'持续创新迭代'""通过正反案例分析对比,运用多学科视角论证为什么要做到'持续创新迭代'"这两个问题的分析结果进行汇报分享。

第四步,主持人（教师）带动其他同学针对第三步中的两个问题以及汇报小组的分析报告进行补充性发言,表达认同与不认同,并充分说明理由。

（4）研讨后的体会

要求学生撰写研讨体会,对讨论效果进行整理和分析。

（四）推进反思的方法设计

（1）商业模式创新"价值向上向善"反思

首先,找到对"价值向上向善"的一致正确理解。汇总各组对"怎么理解'价值向上向善'"这一问题的分享,得到学生从不同学科视角对"价值向上向善"的不同理解。在此基础上,主持人(教师)对学生们的理解进行点评、反问、论证、再论证,并对相关知识点进行深度介绍。最后,综合得到全体同学对"价值向上向善"的一致正确理解,详见图 5-19。

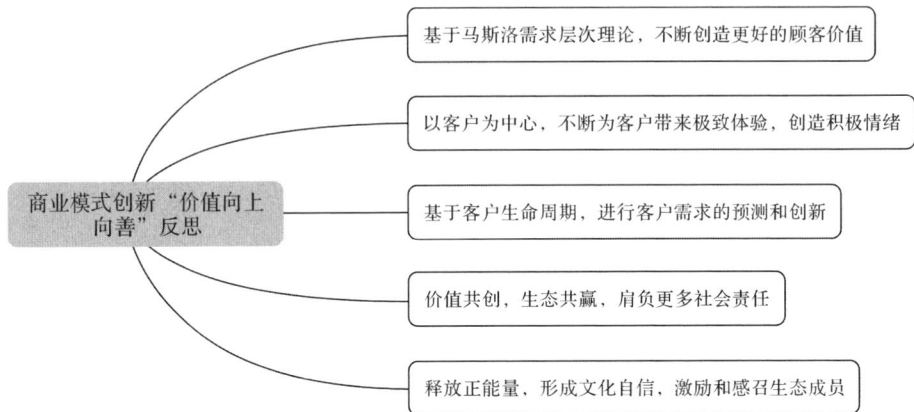

图 5-19　商业模式创新"价值向上向善"的解读

其次,各小组进行正反案例分析对比,以强化认知为什么要做到"价值向上向善"。这里以其中一个小组的分享为例。该小组分享的反面案例是"利用算法收割'韭菜'",列出了该行为违背"价值向上向善"的具体体现(图 5-20)。该小组分享的正面案例是"松鼠 AI 科技促教育——秉持'科技向善'",并列出了该行为彰显"价值向上向善"的具体体现(图 5-21)。两个案例形成鲜明对比,加深了学生对"价值向上向善"的认知。

图 5-20　"价值向上向善"反面案例分析

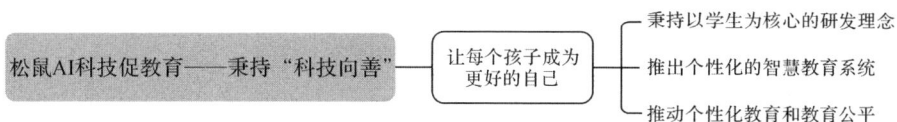

图 5-21 "价值向上向善"正面案例分析

（2）商业模式创新"持续创新迭代"反思

首先，找到对"持续创新迭代"的一致正确理解。汇总各组对"怎么理解'持续创新迭代'"这一问题的分享，得到学生从不同学科视角对"持续创新迭代"的不同理解。在此基础上，主持人（教师）对学生们的理解进行点评、反问、论证、再论证，并对相关知识点进行深度介绍。然后，综合得到全体对"持续创新迭代"的一致正确理解，见图 5-22 所示。

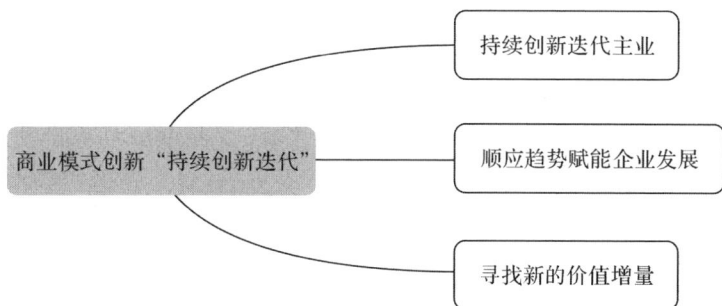

图 5-22 商业模式创新"持续创新迭代"的解读

其次，各小组进行正反案例分析对比，以强化对为什么要做到"持续创新迭代"的认知。这里以其中一个小组的分享为例。该小组分享的反面案例是"柯达2012 年破产事件"，重点剖析了柯达失败的原因（图 5-23）。该小组分享的正面案

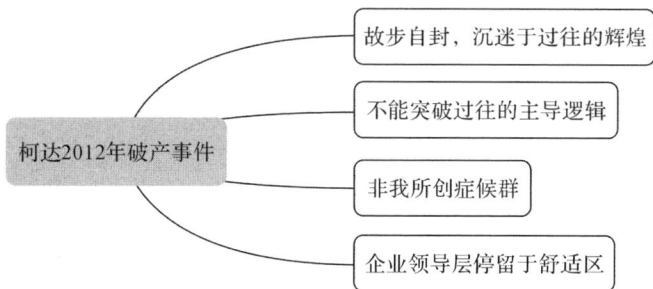

图 5-23 "持续创新迭代"反面案例分析

例是"苹果的持续创新之路",重点剖析了苹果持续获取竞争优势的原因(图 5-24)。两个案例形成鲜明对比,加深了学生对"持续创新迭代"的认知。

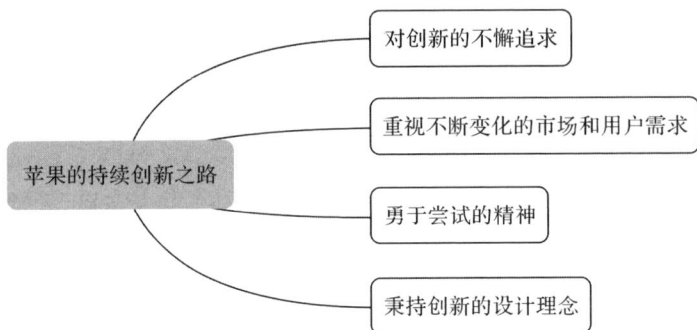

图 5-24 "持续创新迭代"正面案例分析

(五)进一步讨论三维关系

下面围绕本案例中"价值观引领设计""交叉学科研讨设计""推进反思设计"的内在关系做进一步的讨论。图 5-25 是三个维度内在关系的可视化呈现。

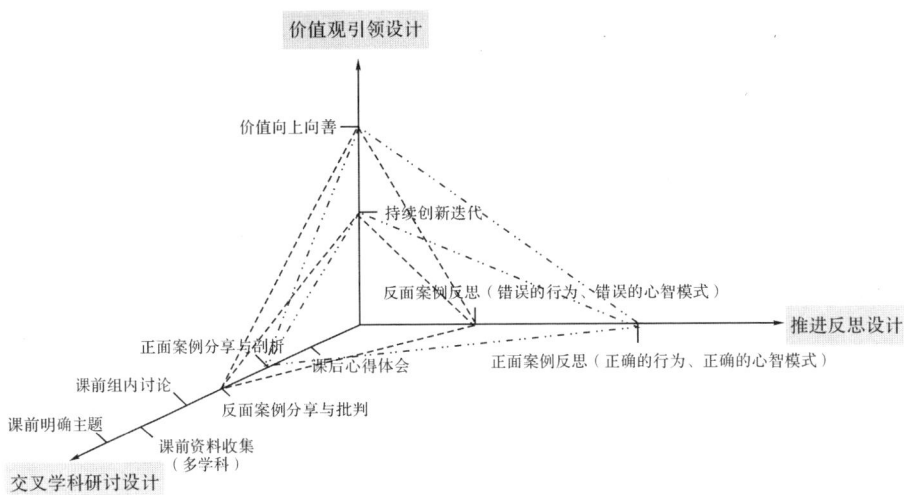

图 5-25 案例三的三维关系

首先,依托"交叉学科研讨设计"中的反面案例分享与批判,教师推进学生对企业恶劣商业行为和"向下向恶价值主张"的反思,从而进一步加强对错误价值观或错误心智模式的反思(见图 5-25 中短线虚线)。

其次,依托"交叉学科研讨设计"中的正面案例分享与剖析,教师推进学生对企业正确商业行为和"向上向善价值主张"的认同,从而进一步加强对正确价值观或正确心智模式的反思(见图 5-25 中点线组合虚线)。

第四节 新兴情境模拟模式与方法

一、新兴情境模拟的基本架构

杭电管理学院高海霞老师主讲的"服务营销学"课程紧密围绕服务价值构建整体框架,从"服务价值识别、价值创造、价值传递、价值维护和价值创新"展开,围绕人、过程、有形展示等服务营销组合要素,系统介绍服务质量的评价、服务产品的定位、服务特色的传递和服务补救等。该课程的学习旨在使学生系统掌握服务和服务营销的基本理论,培养学生解决服务行业复杂营销问题的能力,并且在课堂知识的基础上,结合服务营销实践的热点事件,引导学生了解国家服务行业最新发展和服务营销领域的前沿研究,增强学生的文化自信和家国情怀,激发学生的社会责任感。该课程强调理论联系实践,注重新兴场景模拟,关注质疑与反思、价值观树立、学习场景打造,其课程思政教学设计见图 5-26。

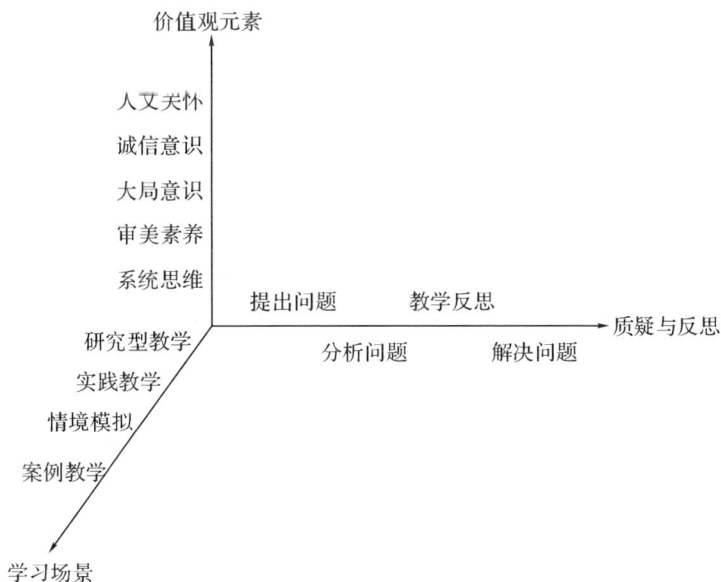

图 5-26 基于双环学习理论的"服务营销学"课程思政教学设计

（一）价值观元素维度

在教学中，广泛涉及诚信意识（服务质量）、人文关怀（内部营销）、审美素养（有形展示）等思政元素（详见表5-5）。"服务营销学"课程的教学过程强调理论与实践的结合，在帮助学生增强"包容友善、人文关怀和诚信意识"，树立"正确的商业价值观"，提升"审美素养、大局意识、社会责任感"方面，能够发挥更实际的、深远的作用。

表5-5　"服务营销学"课程思政元素

对应章节	思政元素标签	课程教学融入点
服务营销概述	诚信意识	通过对"社会营销观念"和"服务接触三元组合"的教学，领会服务中"人"的重要作用，让学生深入理解个人和组织在社会中应该承担的责任，顺势引导学生正确对待个人利益与集体利益、国家利益的关系，增强学生的包容友善、人文关怀和诚信意识，树立正确的商业价值观。
	人文关怀	
	职业素养	
服务消费行为	诚信意识	在服务消费行为方面，通过研究型教学，剖析消费趋势，培养学生的创新能力，通过服务质量的评价学习，使学生理解服务质量的评价维度包括可靠性、保证性、移情性等，进一步强化诚信意识，引导其树立正确的商业价值观。
	人文关怀	
	文化自信	
服务的目标市场营销	大局意识	通过实践教学和启发式教学，实现学以致用的目标，引导学生在实践层面解析目标市场营销理论，通过小组研讨和课堂服务市场定位策划的展示，培养学生的创新和团队协作能力。
	系统思维	
	创新精神	
服务的一般策略	系统思维	通过对服务营销组合的"4P"策略的教学，尤其是对服务之花、服务品牌构成要素和三维识别系统的教学，培养学生的系统思维，通过启发式教学和案例教学，提升学生的服务营销策划能力。
	大局意识	
	创新意识	
服务人员和内部营销	人文关怀	通过对服务中"人"的作用的教学，尤其是通过案例教学使学生感受内部营销的重要性，顺势引导学生正确对待个人与个人、个人与组织间的关系，培养学生包容友善的品德，强化学生的人文关怀意识。
	社会责任	
	职业素养	

对应章节	思政元素标签	课程教学融入点
服务的有形展示	文化自信	通过对服务的有形展示要素的教学,尤其是对周围因素和设计因素的剖析,让学生感受细节决定成败,提升学生的审美素养和系统思维;通过本土品牌的案例教学和小组研讨,培养学生的广博视野和大局意识,引导其树立文化自信和家国情怀,增强社会责任感。
	审美素养	
	家国情怀	
服务过程	大局意识	通过对服务过程和服务蓝图的教学,引导学生了解服务的整体性,培养学生的系统思维,结合案例教学服务接触点和关键时刻,使学生感受服务细节的重要性,培育其大局意识。
	合作精神	
	服务意识	
服务失败与补救	职业道德	通过服务补救的情景模拟,使学生进一步明确服务质量的构成维度,了解服务过程和人的重要性,熟练运用服务补救策略消除顾客抱怨,从而在培养学生的创新能力和团队协作能力的同时引导其树立正确的商业价值观。
	社会责任	
	诚信意识	
服务创新	文化自信	通过研究型教学中的文献阅读和小组研讨,培养学生的广博视野和创新能力,深入开展服务营销体验实践;通过对服务业的发展和服务营销的新变化的教学,引导学生培养与弘扬科学精神,坚定对"四个自信"的价值认同。
	家国情怀	
	创新精神	

（二）学习场景维度

当代国际著名教育技术理论家和教育心理学家戴维·梅里尔（David Merrill）提出了五星教学模式,不仅关注教学的过程,更关注学习的过程。基于"聚焦问题、激活旧知、论证新知、应用新知、融会贯通"的五星教学模式,该课程创设教与学全方位互动的"五感"体验式课堂（详见表5-6）,使学生在互动的过程中有感、有悟、有思、有动、有获。比如,在教学过程中,围绕特定的教学内容,对选定的实际案例进行加工,模拟具体的实践情境,让学生通过角色扮演、互动、参与和体验,切实感受实战,提高学习兴趣,促进学生对知识和技能的掌握以及价值观的塑造与提升。

表 5-6　新兴情景模拟课堂示例

教与学全方位互动	体验式课堂示例	
	启发式教学 情景模拟 研究型教学 案例教学 实践教学 	 通过听、看、说、用、参与的手段，充分调动学生的感官（sense）、情感（feel）、思考（think）、行动（act）、关联（relate）因素，创设体验式课堂。 **感官体验**：通过视觉、听觉、触觉与嗅觉建立的体验。 **情感体验**：通过触动和感染学生内心情绪创造的体验。 **思考体验**：通过启发思考创造的获得认识和解决问题的体验。 **行动体验**：通过理论联系实际与课内课外参与提供的体验。 **关联体验**：包含感官、情感、思考和行动的综合体验。

聚焦问题 — 线上 / 线下

激活旧知 — 真实 / 虚拟

论证新知 — 教学 / 科研

应用新知 — 理论 / 实践

融会贯通 — 课内 / 课外

（三）质疑与反思维度

质疑，就是"提出问题"，是反思之所以能进行的动力。学生可以质疑，在互动教学的过程中，学生就同学们提出的问题进行分析，在解决问题的过程中发现新的问题，继续想办法解决。教师自身也要进行质疑与反思，具体可围绕教学内容、教学过程、教学策略进行。教师教学反思的过程，是教师借助行动研究，不断探讨与解决教学目的、教学工具和自身方面的问题，不断提升教学实践的合理性，不断提高教学效益和教学科研能力，促进教师专业化的过程。

二、新兴情境模拟典型案例一

本案例为"从生活中的实例来感受服务接触三元组合"。

（一）学情分析

从学习基础来看，通过前期课程学习，学生已经系统掌握了服务的特性、服务营销组合等概念，为进一步学习服务接触三元组合内容奠定了基础；从学习动机来看，服务是生活中随时随处可见到的现象，学生对外部营销理论熟悉，与内部营销接触不多，身边的内部营销案例可激发学生兴趣；从学习特点来看，通过前面的课程观察、学生访谈，发现学生喜欢互动、理论联系实际，热衷于分析新现象、接受新事物。

（二）教学内容分析

服务接触三元组合是服务营销学的核心知识点之一，是由著名的服务营销学家克里斯琴·格罗路斯（Christian Grönroos）在其研究过程中提出的。他指出：内部营销、外部营销和互动营销，都是企业服务营销战略整体内在的组成部分。此部分内容的学习会为后续服务过程、内部营销策略的学习奠定基础。

教学重点：服务接触三元组合的内涵。教学难点：外部、内部、互动营销的关系。

为了使学生更好地理解相关概念，微视频设计从学生熟悉的生活情境导入，使用启发式和分解式讲授法，以例释理，最后进行总结和引申。

（三）教学实施过程

具体教学过程安排详见表 5-7。

表 5-7 "服务接触三元组合"教学过程安排

教学进程	教学内容安排	（教师、学生）多维互动		思政教育内容	育人目标	时间安排
		教师	学生			
聚焦问题（problem-centered）	前期学习内容概括	核心知识回顾	聆听和思考	了解学生课前学习效果，课程内容承前启后，新旧知识衔接，使学生构建清晰的知识体系的同时，带着问题进入新知识学习阶段。	培养系统思维	0~5分
	"服务接触三元组合的内涵"微课学习效果检查	学习通提问	提交答案			
	内部营销、外部营销和互动营销，究竟哪个更重要	引出关键问题	思考的同时回顾微课			
激活旧知（activation）	课程内容概览	强调学习的重点	记笔记和思考	让学生事先了解本次课程概貌，以便自我评估，通过生活中经历过的服务场景模拟，让学生身临其境地感受服务质量的全方位评价，以及三元组合的重要性。	培养系统思维和团队协作能力	6~11分
	情景模拟（"我"的经历）	启发式教学：对内外部营销的全方位评价（六项思考帽法）	小组课堂情景模拟 思考和回答：客观 创造 乐观 悲观 感性冷静 学生从不同角度回答			
论证新知（demonstration）	海底捞的营销评价	提问：看过"张大哥的一碗面"后有何感受；剖析海底捞的内部营销	学习通作答后进行课堂分享	通过海底捞的内部营销实践和反馈，让学生切实感受餐饮业在受到重创的情况下如何自救，企业管理者所发挥的作用以及员工对于组织的重要性。	培养包容友善、人文关怀意识	12~23分
	高铁服务再现	随机提问：对高铁服务的感受如何	学生从正反两方面作答	选择熟悉的服务场景，学生从不同角度评价高铁服务，使学生在巩固知识的同时，提升对知识的应用能力。		

教学进程	教学内容安排	(教师、学生)多维互动		思政教育内容	育人目标	时间安排
		教师	学生			
应用新知(application)	亚朵酒店的差异化营销	描述亚朵酒店遇到的困境	剖析不同行业的共性和特性,提出解决对策	微课中学习了酒店的差异化营销,但不同酒店定位不同,差异化策略的重点也不一样,学会举一反三,对知识活学活用。	培养解决复杂营销问题的综合能力、创新能力	24~30分
融会贯通(integration)	问题重现:内部营销、外部营销和互动营销,究竟哪个更重要	随机抽取小组代表分享讨论结果;引发思考	小组讨论后发表观点	全面系统地对前述知识点进行整合、剖析,进一步理解服务利润链。	培养系统思维和团队协作能力	31~40分
	课后作业:了解西贝的内外部营销;它和海底捞有何异同	布置任务	完成任务	作为餐饮行业的领头羊,两个品牌有共性也有不同,学生在对比的过程中,加深对已有知识的理解和运用。	培养包容友善、人文关怀意识,以及解决复杂问题的综合能力	
总结(summary)	课堂总结	总结整章节内容	聆听和消化吸收	构建清晰的知识体系。	培养系统思维和团队协作能力	41~45分
	小组推选	根据课堂表现推选小组	参与评比,接受流动奖杯	增强集体荣誉感,促进团队协作。		

(四)教学方法

案例教学、情景模拟、小组研讨。

(五)学习评价

本次课程的成绩构成见表5-8。

表5-8 "服务接触三元组合"成绩构成

评价环节	评价维度	观测点	验证目标	占比
课前	学习成果	微课学习	知识目标1	20%
	学习态度	课前作业	素质目标5	

续表

评价环节	评价维度	观测点	验证目标	占比
课中	学习成果 学习态度	课堂参与	知识目标1	60%
		回答问题	知识目标1 能力目标3	
		小组讨论	能力目标4	
课后	学习成果	分享和讨论	知识目标2 素质目标5	20%
	学习态度	作业提交	素质目标6	

注:该成绩为总评成绩中的平时成绩部分,具体评分标准见教学大纲,验证目标对应教学大纲目标。

（六）案例总结

教学设计中,通过情景模拟、启发式教学等,学生对"服务接触三元组合"有了更深层的认识。通过了解海底捞的内部营销,学生感受到了个人、企业、社会之间的关系,内部、外部和互动营销是一个整体,在此过程中,培养了人文关怀意识,也对树立正确的商业价值观奠定了基础。

通过本部分教学,有两点体会:首先,经管类学生对市场敏感,喜欢接受新事物,在授课过程中必须坚持每一个教学循环,根据服务业发展和服务营销研究进展,对教学内容推陈出新,帮助他们更好地掌握服务营销精髓。这对教师来说也是一个挑战,促使教师必须不断地学习。其次,案例教学正处于不断摸索和实践的过程中,还需要更加深入和全面,应思考如何引导学生进一步深入学习和思考,如何更有效地融合时政素材,如何整合更多的优质案例资源等。

三、新兴情境模拟典型案例二

本案例为"走进李宁体验店来看服务的有形展示"。

（一）学情分析

从学习基础来看,通过前期课程学习,学生已经系统掌握了服务过程、服务质量的评价等,为进一步学习有形展示的内容奠定了基础;有形展示关乎"颜值",符合"00后"的审美,学生熟悉且可以感受到其重要性,班级女生较多,对本部分内容感兴趣;通过前期课堂观察,发现学生喜欢情景模拟,因此在微课学习之外,事先布置了情景模拟的任务。

(二)教学内容分析

有形展示作为服务营销组合的要素,尤其是区别于有形产品营销组合(4P,即产品、价格、渠道、促销)的新要素,是服务营销理论的核心知识点。对这部分内容的学习有利于学生深刻理解服务的无形性特征。

教学重点:周围、设计和社会因素。教学难点:有形展示各要素的运用。

为了使学生掌握和运用这个概念,微视频设计结合学生熟悉的运动品牌进行案例导入,使用启发式和案例式讲授法,有利于学生从多个方面对所学内容加以验证,最后进行总结和展望。

(三)教学实施过程

具体教学过程安排详见表 5-9。

表 5-9 "服务的有形展示"教学过程安排

教学进程	教学内容安排	(教师、学生)多维互动		思政教育内容	育人目标	时间安排
		教师	学生			
聚焦问题(problem-centered)	"有形展示的构成要素"微课学习效果检查	学习通提问	线上提交	了解学生课前微课学习效果,为教学内容做好铺垫,引出课程新内容,使学生对后续内容产生期望,同时构建清晰的知识体系	培养系统思维	0~5分
	生活中的有形展示	启发式教学:生活中如何进行购买决策呢;三张饭店图片的选择	思考和回答:理解有形展示的作用			
激活旧知(activation)	课堂情景模拟	启发式教学:对情境剧中服务的全方位评价(六项思考帽法)	随机抽取六位学生回答	短时间内使学生集中注意力,课程内容承前启后,新旧知识衔接。	培养系统思维、团队协作能力、文化自信和家国情怀	6~15分
	有形展示要素展示	讲解和提问:提到"李宁"品牌大家会想到什么	雨课堂作答,生成词云	李宁家喻户晓,更是年轻人钟爱的本土品牌之一,通过提问和回答,让学生感受本土品牌的崛起和年轻人对国潮的热衷。		

教学进程	教学内容安排	(教师、学生)多维互动		思政教育内容	育人目标	时间安排
		教师	学生			
论证新知(demonstration)	案例教学:"有形展示的要素",结合李宁案例进行剖析	剖析李宁体验店的要素	描述有形展示要素(周围、设计和社会因素)	领会服务无小事,细节决定成败,特色塑造差异化优势,结合李宁的"番茄炒蛋色"体会国潮的崛起。	培养审美素养、文化自信和家国情怀	16~26分
		剖析信息沟通	思考和回答问题,分享自己感受	通过疫情期间的"无人出镜"广告和新疆棉事件的声明,感受企业在社会中应该承担的责任。	培养广博视野和大局意识,增强社会责任感	
		剖析李宁体验店的价格	回顾价格策略,思考和回答问题	进一步理解价格策略,尤其服务价格的特殊性,以及李宁产品系列的差异化定价。	培养系统思维	
应用新知(application)	通过引入文章《社交商务服务质量对用户再购意愿的影响研究》,引导学生举一反三	研究型教学:以直播间的有形展示为例,总结线上服务的有形展示	小组讨论:购物类直播间有形展示的构成要素。讨论后雨课堂提交,随机抽取小组代表分享讨论结果	通过文献的阅读,理解线上有形展示的特殊性,结合直播间的有形展示,考查学生文献阅读和理解的能力,对原有知识进行拓展和应用的能力。	培养解决复杂营销问题的综合能力、创新能力	27~35分
		总结和评价学生提交结果	通过对比,查漏补缺,进一步把握有形展示要素			
融会贯通(integration)	课后作业:举例说明助农直播间应该有怎样的有形展示	介绍直播的发展和直播发挥的作用,例如助农直播	引发思考	开拓视野,拓展有形展示的运用领域。	培养审美素养,增强社会责任感	36~40分
		布置任务	思考和记录	举一反三,知识的活学活用,理解助农直播所发挥的作用。		
总结(summary)	课堂总结	总结整章节内容	聆听和消化吸收	构建清晰的知识体系。	培养系统思维和团队协作能力	41~45分
	小组推选	根据课堂表现推选小组	参与评比,接受流动奖杯	增强集体荣誉感,促进团队协作。		

（四）教学方法

启发式教学、案例教学、情景模拟、小组研讨。

（五）学习评价

本次课程的成绩构成见表5-10。

表 5-10 "服务的有形展示"成绩构成

评价环节	评价维度	观测点	验证目标	占比
课前	学习成果	微课学习	知识目标1	20%
	学习态度	课前作业	素质目标6	
课中	学习成果 学习态度	课堂参与	知识目标1	60%
		回答问题	知识目标2 能力目标3	
		小组讨论	能力目标4	
课后	学习成果	分享和讨论	知识目标2 素质目标6	20%
	学习态度	作业提交	素质目标6	

注：该成绩为总评成绩中的平时成绩部分，具体评分标准见教学大纲，验证目标对应教学大纲目标。

（六）案例总结

案例教学、情景模拟、启发式教学等方法激发了学生的新看法、新观点，提高了学生的学习兴趣，培养了学生的审美素养，提升了其理论联系实际的能力，也增强了其对本土品牌的热爱。

选用的教材在内容上更突出服务营销前沿理论。但教材都有一定滞后性，营销实践发展迅速，因此，本部分课程增加了课前任务，即研读文章《社交商务服务质量对用户再购意愿的影响研究》，让学生对线上的服务质量和有形展示有了初步的认识和理解。今后还需要引导学生有技巧地研读文献。

四、新兴情境模拟典型案例三

本案例为"体会数字化在旅游业营销创新方面的应用"。

（一）学情分析

从学习基础来看，这是最后一个章节的内容，学生经过系统学习，已经掌握了服务、服务营销的核心知识，为进一步学习创新内容奠定了基础；从学习动机来看,了解服务业的新发展、服务研究领域新进展,对学生后续毕业论文环节有帮助;管理类学生思维发散,创新意识强,对于课本上没有的知识求知欲更强,喜欢创新,热衷于接受新事物。

(二)教学内容分析

根据"四新理念"框架下的新文科建设需要,结合社会和学生需求,凸显一流课程的时代性和前沿性,本部分知识点微视频建设关注"跨界融合",反映中国服务业新发展、吸收服务领域新研究。

教学重点:旅游业营销创新的趋势。教学难点:对智慧化、标准化、定制化的理解。

此部分微视频开门见山,直接导入旅游业营销创新的四个方向,采用剖析式讲授法,层层展开,理论与实践相结合,最后进行总结和引申。

(三)教学实施过程

具体教学过程安排详见表5-11。

表5-11 "旅游业营销创新"教学过程安排

教学进程	教学内容安排	(教师、学生)多维互动		思政教育内容	育人目标	时间安排
		教师	学生			
聚焦问题(problem-centered)	前期学习内容概括	核心知识回顾	聆听和思考	了解学生课前学习效果,课程内容承前启后,新旧知识衔接,使学生构建清晰的知识体系的同时,带着问题进入新知识学习阶段。	培养系统思维	0~5分
	"服务接触三元组合的内涵"微课学习效果检查	学习通提问	提交答案			
	乡村旅游的营销策略有哪些创新	引出关键问题	思考的同时回顾微课			
激活旧知(activation)	课程内容概览	强调学习的重点	记笔记和思考	通过生活中经历过的服务场景,让学生身临其境地感受旅游业及其营销的变化。	培养系统思维和团队协作能力	6~11分
	"我"的印象深刻的一次旅游	启发式教学:大家对哪些旅游地印象深刻,或者有难忘的经历	小组讨论和分享,选择具有代表性的来与全班同学分享			

教学进程	教学内容安排	(教师、学生)多维互动		思政教育内容	育人目标	时间安排
		教师	学生			
论证新知(demonstration)	智慧化和定制化趋势	提问:看过微课后对智慧化和定制化有什么理解;身边是否还有智慧化定制化实例	进行课堂分享	结合智慧化、定制化、品质化和标准化的发展趋势,感受古人的智慧和现代科技的伟大。同时通过红色旅游的发展增强文化认同。	培养创新意识,坚定对"四个自信"的价值认同	12~22分
	品质化和标准化趋势	播放专家访谈视频	观看和思考			
应用新知(application)	剖析文献《游客自我概念与乡村旅游动机关系研究》	研究型教学:乡村旅游有何发展趋势;乡村旅游对乡村振兴有何作用	学生结合文章内容以及亲历感受进行课堂PPT分享	通过文献的阅读,了解乡村旅游发展、游客的需求变化,以及乡村旅游在乡村振兴中发挥的作用。	培养解决复杂营销问题的综合能力、创新能力	23~30分
融会贯通(integration)	问题重现:乡村旅游的营销策略有哪些创新	结合微课学习、文章研读等,进一步引发学生思考	小组讨论并回答	全面系统地对前述知识点进行整合、剖析,进一步理解旅游业营销创新。	培养和弘扬科学精神的同时,坚定对"四个自信"的价值认同	31~40分
	实践教学:身临其境感受服务业的发展和变化,以及制造业的服务化趋势	带学生参观学习	企业参观	理解大数据、新科技的发展给各行各业带来的变化,智慧化不单单是旅游业的发展趋势,已经渗透到各行各业。		课后实践
总结(summary)	课堂总结	总结整章节内容	聆听和消化吸收	构建清晰的知识体系。	培养和弘扬科学精神的同时,培养创新能力	41~45分
	评选课堂最佳	根据学生互评、自评推选	参与评比,接受奖励	通过课前作业的课堂分享,学生互相学习,经过自评、互评,选出最具价值、最佳风采、最佳PPT制作奖,激发学生的学习兴趣。		

（四）教学方法

启发式教学、案例教学、情景模拟、小组研讨。

（五）学习评价

本次课程的成绩构成见表 5-12。

表 5-12 "旅游业营销创新"成绩构成

评价环节	评价维度	观测点	验证目标	占比
课前	学习成果	微课学习和文章研读	知识目标 1、2	20%
	学习态度	课前	素质目标 6	
课中	学习成果 学习态度	课堂参与和分享	知识目标 2	60%
		回答问题	能力目标 3、4	
		小组讨论	素质目标 5	
课后	学习成果	分享和讨论	知识目标 2 素质目标 6	20%
	学习态度	作业提交	素质目标 6	

注：该成绩为总评成绩中的平时成绩部分，具体评分标准见教学大纲，验证目标对应教学大纲目标。

（六）案例总结

本部分教学引导学生将服务营销研究、服务营销理论新发展在理论层面进行解析，在实践层面进行实战，实现学以致用的目标。学生通过学习开阔了视野，提升了解决复杂问题的能力。

疫情对旅游业造成了巨大的冲击，之后其营销发展与研究又有了新的方向，智慧化就是其中之一，"云旅游"的相关研究层出不穷。在今后教学中，教师应与时俱进，不断更新教学内容，进一步提升教学效果。

第六章

学生双环学习视域下的课程思政教学效果
评价指标体系构建

以立德树人为主旨,融合知识传授与价值引领目标的课程思政已成为当前高校教学改革的重要任务(高国希,2020;董韩博,2019)。课程思政探讨课程的育人本质,从源头思考"培养什么人、怎样培养人、为谁培养人"的教育根本问题,它要求教师深入梳理课程中的思政元素,将其融入课程教学,进而在教学中用价值之"道",点亮知识之"学"、能力之"术"(邱伟光,2017;高国希,2020)。

目前各个高校纷纷开展课程思政教学实践,但是如何科学有效地评价课程思政教学效果成为一大难题(高国希,2020;汤苗苗,董美娟,2020;罗仲儿等,2019)。一些研究者提出了一些指标用于评价课程思政教学效果,例如杜震宇等(2020)以教学目标、教学内容、教学方法与教学考核等指标来评价课程思政教学;许祥云和王佳佳(2022)以学生满意度来评价课程思政教学效果。然而这些研究还存在一些问题,具体表现在:第一,从评价对象来看,当前的课程思政教学效果评价多聚焦于教师侧评价而非学生侧评价,它们主要评价教师的课程思政教学设计,较少评价学生在课程思政教学中的获得。第二,从评价导向来看,当前的课程思政教学效果评价侧重于引导学生行为改变或"正确地做事",鲜少触及学生行为背后的心理、假设,忽略了引导学生心智改变或"做正确的事"。第三,从评价内容来看,当前的课程思政教学效果评价尚缺乏对知识习得、能力培养与价值塑造三者的综合性评价,走向了仅仅关注价值塑造评价的一端。

课程思政的主要目标是落实立德树人根本任务。《高等学校课程思政建设指导纲要》指出人才培养效果是课程思政评价的首要标准。因此,应该从学生侧来评价课程思政教学效果。课程思政强调对学生长期的影响,特别是对学生心智模式、价值观、世界观的影响,而不仅仅是对学生行为的影响。而且,心智决定了行为。因而,课程思政教学效果评价应该同时注重引导学生塑造正确的心智与开展正确的行为。此外,课程思政并不主张价值观教育取代知识习得与能力培养,而是主张学生知识习得、能力培养与价值塑造三者融合,因而,对它的教学效果评价即是对这三者的综合性评价。

基于此,本研究着重探讨如何从学生侧的角度开发集学生知识习得、能力培养与价值塑造于一体的能够引导学生塑造正确的心智("做正确的事")与开展正确的行为("正确地做事")的课程思政教学效果综合性评价指标体系。

第一节　基于学生双环学习的课程思政教学效果评价指标的基本框架

Argyris(1977,2002)提出的双环学习超越了仅仅注重行为改变的单环学习,是一种反思性的学习模式,主张探索行为背后内在心智模式的改善,实现价值观与行为的协调统一,即不仅要强调"正确地做事",更要强调"做正确的事"。双环学习的逻辑与导向与我们前文主张的引导学生建立正确的心智("做正确的事")与开展正确的行为("正确地做事")的课程思政教学效果评价逻辑与导向一致,因而为本书提供了课程思政教学效果指标体系的构建框架。

本书第四章第一节已对双环学习理论进行了较为详细的综述,这里不再赘述。从本书第四章第一节可知,双环学习一般包括四个过程,其中的行为与结果决定了行为改变,也即"正确地做事";其中的行为背后的反思与心智模式决定了价值图式改善,也即"做正确的事"。从单环学习到双环学习,意味着从低阶到高阶的学习范式的显著转变(Kantamara et al.,2014;Argyris,2002)。

本书将双环学习模式迁移应用于解释学生在课程思政教学中的学习模式。如果学生在课程思政教学中的学习模式为双环学习模式或者说学生在课程思政教学中发生了双环学习,则意味着学生在课程思政教学中不仅逐步开展正确的行为("正确地做事"),而且逐步塑造正确的心智("做正确的事"),那么课程思政教学就是有效果的,因为这种课程思政教学能够引导学生塑造正确的心智("做正确的事")与开展正确的行为("正确地做事"),进而有助于落实立德树人根本任务(李西顺,2015)。按照双环学习理论,学生开展正确的行为("正确地做事")与他们的学习行为与学习结果这两个双环学习过程有关,塑造正确的心智("做正确的事")与他们的学习反思与心智模式改善这两个双环学习过程有关。因而双环学习的四个过程,也即学习行为、学习结果、学习反思与心智模式改善,可以作为框架去评价学生侧的课程思政教学效果(图 6-1)。接下来,本书将从这四个方面提出指标用于评价学生侧的课程思政教学效果。

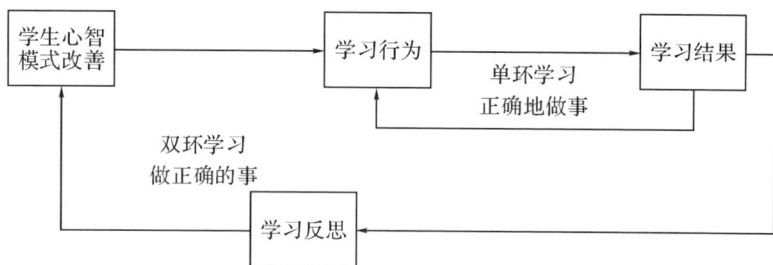

图 6-1 基于双环学习理论的课程思政教学效果评价指标体系的构建框架

第二节 基于学生双环学习的课程思政教学效果评价指标的初步构建

一、一级指标的构建

学生在课程思政教学中的学习模式由双环构成,分别为"正确地做事"和"做正确的事"。其中,第一环——"正确地做事"由学生的学习行为与学习结果构成;第二环——"做正确的事"由学生的学习反思与学生的心智模式改善构成。基于此,梳理出四个一级指标:学习行为、学习结果、学习反思和心智模式改善。

二、二级指标和三级指标的构建

(一)学生学习行为评价指标

学生的学习行为是学生在学习中所采用的行动与方法(王星,张勤茹,2020),是学生的知识、技能与价值观学习的具体行为表现。按照学生在课程思政教学中的学习行为表现,相应设计了3个二级指标,即:知识学习、技能学习和价值观学习。知识学习是指学生在课程思政教学中对学习专业知识的良好态度和学习效率;技能学习是指学生在课程思政教学中对实践与创新技能学习的良好态度和学习效率;价值观学习是指学生对课程思政教学中的价值观相关元素学习的良好态度和学习效率。学生学习行为评价指标见表6-1。

表6-1　学习行为评价指标

一级指标	二级指标	三级指标	三级指标的测度
学习行为	知识学习	知识层面的学习态度	我们在有思政元素融入的专业课教学中能够认真地学习专业知识
		知识层面的学习效率	我们在有思政元素融入的专业课教学中具有较高的专业知识学习效率
	技能学习	技能层面的学习态度	我们在有思政元素融入的专业课教学中能够认真地学习实践与创新技能
		技能层面的学习效率	我们在有思政元素融入的专业课教学中具有较高的实践与创新技能学习效率
	价值观学习	价值观层面的学习态度	我们在有思政元素融入的专业课教学中能够认真地汲取价值观方面的养分
		价值观层面的学习效率	我们在有思政元素融入的专业课教学中具有较高的价值观养分汲取效率

(二)学生学习结果评价指标

学生的学习结果是指学生在课程思政教学中通过知识学习、技能学习和价值观学习,在知识、技能与价值观层面的收获(高德毅,宗爱东,2017)。学生的学习结果由3个二级指标构成,分别为:知识获得、技能获得、价值观获得。知识获得是指学生在课程思政教学中有效学习到了专业知识以及有效掌握了专业知识;技能获得是指学生在课程思政教学中提升了实践能力与创新能力;价值观获得表现为学生提升了价值观方面的认识和获得了价值观方面的成长。学生学习结果评价指标见表6-2。

表6-2 学习结果评价指标

一级指标	二级指标	三级指标	三级指标的测度
学习结果	知识获得	专业知识学习结果	我们在有思政元素融入的专业课教学中有效学习到了专业知识(例如专业概念、定义、工具、原理等)
		专业知识掌握情况	我们在有思政元素融入的专业课教学中有效掌握到了专业知识(例如专业概念、定义、工具、原理等)
	技能获得	实践能力获得	我们在有思政元素融入的专业课教学中提升了本专业要求的实践能力
		创新能力获得	我们在有思政元素融入的专业课教学中提升了本专业要求的创新能力
	价值观获得	价值观层面的认识	我们在有思政元素融入的专业课教学中获得了价值观方面的认识
		价值观层面的成长	我们在有思政元素融入的专业课教学中获得了价值观方面的成长

(三)学生学习反思评价指标

学生的学习反思是指学生在课程思政教学实施中自觉或在教师影响下检查、反思自己在知识获得、技能获得与价值观获得三个方面的学习行为与学习结果，以更好地解决学习行为中可能存在的问题并获得更好的学习结果(Greenwood，1998)。学习反思由3个二级指标构成，分别为：知识层面的反思、技能层面的反思和价值观层面的反思。知识层面的反思包括检查、评价与反思知识学习行为与结果；技能层面的反思包括检查、评价与反思技能学习行为与结果；价值观层面的反思包括检查、评价与反思价值观学习的行为与结果。学生学习反思评价指标见表6-3。

表 6-3　学习反思评价指标

一级指标	二级指标	三级指标	三级指标的测度
学习反思	知识层面的反思	检查、评价知识学习行为与结果	我们在有思政元素融入的专业课教学中会检查、评价自己在知识方面的学习行为与结果获得
		反思知识学习行为与结果	我们在有思政元素融入的专业课教学中会反思自己在知识方面的学习行为与结果获得
	技能层面的反思	检查、评价技能学习行为与结果	我们在有思政元素融入的专业课教学中会检查、评价自己在技能方面的学习行为与结果获得
		反思技能学习行为与结果	我们在有思政元素融入的专业课教学中会反思自己在技能方面的学习行为与结果获得
	价值观层面的反思	检查、评价价值观学习行为与结果	我们在有思政元素融入的专业课教学中会检查、评价自己在价值观方面的学习行为与结果获得
		反思价值观学习行为与结果	我们在有思政元素融入的专业课教学中会反思自己在价值观方面的学习行为与结果获得

（四）学生心智模式改善评价指标

学生的心智模式是指基于过去的知识、技能、价值观等形成的学生心里的知识、信念、思维等体系，是自我完善的一种内在机制（李西顺，2013，2015）。学生心智模式改善由 3 个二级指标构成，分别为知识层面的心智模式改善、技能层面的心智模式改善以及价值观层面的心智模式改善。知识层面的心智模式改善是指对专业知识学习意义的认知提升与对专业知识学习的方法优化；技能层面的心智模式改善是指对技能学习意义的认知提升与对技能学习的方法优化；价值观层面的心智模式改善是指意识到并修正不正确的价值观、树立或强化正确的价值观。学生心智改善评价指标见表 6-4。

表 6-4 心智模式改善评价指标

一级指标	二级指标	三级指标	三级指标的测度
心智模式改善	知识层面的心智模式改善	知识学习意义的认知提升	我们在有思政元素融入的专业课教学中提升了对专业知识学习意义的认知
		知识学习的方法优化	我们在有思政元素融入的专业课教学中优化了专业知识学习的方法
	技能层面的心智模式改善	技能学习意义的认知提升	我们在有思政元素融入的专业课教学中提升了对技能学习意义的认知
		技能学习的方法优化	我们在有思政元素融入的专业课教学中优化了技能学习的方法
	价值观层面的心智模式改善	意识到并修正不正确的价值观	我们在有思政元素融入的专业课教学中意识到并修正了以往不正确的价值观
		树立或强化正确的价值观	我们在有思政元素融入的专业课教学中树立或强化了正确的价值观

第三节 基于学生双环学习的课程思政教学效果评价指标修正与确定

本研究运用德尔菲法向课程思政教学研究领域的专家征集意见,探究基于双环学习理论的课程思政教学评价指标体系的构成与权重。德尔菲法作为一种利用专家先前经验进行决策的方法,较常用于评价指标体系建立和指标修正过程中。德尔菲法通常采用背对背的通信方式征询 10～20 名专家的意见,并结合专家意见进行归纳、修改,具有节约时间及费用、避免个别主体主导决策等优点。

一、调查对象与问卷发放情况

本调查问卷主要面向对课程思政有深入研究的专家以及在一线开展课程思政教学的教师。本研究采用两轮德尔菲法,通过电话、微信和线下沟通等形式,取得专家同意后,发送电子问卷。第一轮德尔菲法的问卷包括研究目的、指标框架初稿、填写说明、具体的指标体系,邀请专家对指标的适当程度进行打分(1～5

分),并请专家在每项指标的"修改意见"一栏中给出具体的修改建议。第一轮邀请的两位专家对二级指标的描述和三级指标的详细描述提出了修改意见,如将"我们在有思政元素融入的专业课教学中意识到了以往不正确的价值观"修改为"我们在有思政元素融入的专业课教学中意识到并修正了以往不正确的价值观"。根据第一轮两位专家的意见,对初步形成的评价指标进行修订,形成第二轮专家征询问卷。第二轮专家征询问卷包括研究目的、问卷填写说明以及具体的指标体系,邀请专家对指标的适当程度进行打分(1～5 分)。本轮共发放问卷 16 份,回收 14 份,回收有效率为 87.5%。

二、数据统计与分析

运用 SPSS 22.0 软件对专家征询问卷的数据的平均值(M)、标准差(SD)、众数(M_0)以及平均值与众数差的绝对值进行统计(常珊珊,李家清,2021)。平均值表示专家对指标适当程度意见的集中度;标准差表示专家对指标适当程度评价时所产生的认知偏差;众数表示专家意见一致性最高的数据;$|M_0-M|$ 衡量数据的一致性。指标的筛选依据包括以下三个标准:指标平均值大于 3,专家对每一个指标判断的标准差小于 1;专家对每一指标判断的 $|M_0-M|\leqslant1$。专家对一级指标、二级指标及其详细描述(三级指标)适当程度的意见统计结果见表 6-5 和表 6-6。

表 6-5　一级指标数据统计结果

一级指标	平均值(M)	标准差(SD)	众数(M_0)	$\lvert M_0-M \rvert$
学习行为	4.29	0.61	5.00	0.71
学习结果	4.25	0.58	5.00	0.75
学习反思	4.11	0.89	5.00	0.89
心智模式改善	4.39	0.45	5.00	0.61

表 6-5 的一级指标数据统计结果表明:四个一级指标的平均值均大于 4,众数为 5,说明专家对四个一级指标的设置表示同意;标准差均小于 1,说明专家意见集中;$|M_0-M|$ 的值均小于 1,说明专家对一级指标设置适当程度的意见高度一致。

表 6-6 二级指标及其详细描述的数据统计结果

二级指标	平均值（M）		标准差（SD）		众数（M_0）		$\lvert M_0 - M \rvert$	
	A	B	A	B	A	B	A	B
知识学习	4.29	4.57	0.70	0.65	5.00	5.00	0.71	0.43
		4.14		0.66		4.00		0.14
技能学习	4.18	4.43	0.69	0.65	4.00	5.00	0.18	0.57
		4.07		0.73		4.00		0.07
价值观学习	4.39	4.57	0.66	0.65	5.00	5.00	0.61	0.43
		4.36		0.63		4.00		0.36
知识获得	4.25	4.36	0.61	0.63	4.00	4.00	0.25	0.36
		4.14		0.66		4.00		0.14
技能获得	4.03	4.07	0.95	0.91	4.00	5.00	0.03	0.93
		4.00		0.78		4.00		0.00
价值观获得	4.54	4.57	0.60	0.64	5.00	5.00	0.46	0.43
		4.64		0.63		5.00		0.36
知识层面的反思	4.21	4.36	0.97	0.74	5.00	5.00	0.79	0.64
		4.36		0.84		5.00		0.64
技能层面的反思	4.07	4.14	0.97	0.77	4.00	4.00	0.07	0.14
		4.29		0.82		5.00		0.71
价值观层面的反思	4.04	4.14	0.98	0.86	5.00	5.00	0.96	0.86
		4.21		0.80		5.00		0.79
知识层面的心智模式改善	4.39	4.57	0.56	0.64	5.00	5.00	0.61	0.43
		4.21		0.70		4.00		0.21
技能层面的心智模式改善	4.29	4.50	0.55	0.52	4.00	4.00	0.29	0.50
		4.14		0.66		4.00		0.14
价值观层面的心智模式改善	4.50	4.36	0.44	0.49	5.00	4.00	0.50	0.36
		4.64		0.49		5.00		0.36

注：A 表示二级指标设置的合理性，B 表示详细描述（三级指标）设置的合理性。

表 6-6 中的数据表明：12 个二级指标的平均值均大于 4，众数均落在 4 或者 5 两个数字上，表明专家对二级指标划分的认可度较高；12 个二级指标的标准差均小于 1，说明专家意见集中；$\lvert M_0 - M \rvert$ 的值均小于 1，说明专家对二级指标设置的适当程度的意见较为一致。24 个三级指标的详细描述题项的平均值均大于 4，表

第六章　学生双环学习视域下的课程思政教学效果评价指标体系构建　121

示专家对详细描述题项的认可度较高;标准差均小于 1,表明专家意见集中; $|M_0-M|$ 的值均小于 1,说明专家对 24 个三级指标的详细描述题项的设置适当程度的意见较为一致。

三、评价指标的权重赋值

采用专家咨询法来确定指标的权重。专家咨询法采用定性和定量相结合方式,邀请专家对指标的重要次序从最重要到最不重要排列。面向德尔菲法邀请的 14 位专家,将重要性排序的咨询表另外发给各位专家,然后汇总一级指标和二级指标的排序情况(结果见表 6-7)。根据公式 $W_i = \dfrac{\sum a_i n_{ij}}{N \sum a_j}$ 计算每个指标的权重值。其中 a_j 表示各个等级的序数值,n_{ij} 表示对于第 i 个指标项选择 j 序数值的人数,N 表示专家数量。

表 6-7 一级指标与二级指标的权重分布

一级指标	权重占比	二级指标	权重占比
学习行为	0.23	知识学习	0.35
		技能学习	0.27
		价值观学习	0.38
学习结果	0.24	知识获得	0.36
		技能获得	0.28
		价值观获得	0.36
学习反思	0.23	知识层面的反思	0.37
		技能层面的反思	0.30
		价值观层面的反思	0.33
心智模式改善	0.30	知识层面的心智模式改善	0.31
		技能层面的心智模式改善	0.27
		价值观层面的心智模式改善	0.42

四、基于学生双环学习的课程思政教学效果评价指标的进一步讨论

课程思政教学是一种隐性教育方式,将思政元素以如盐入水方式融入专业课程的课堂教学。本研究借鉴双环学习理论,立足于学生,关注学生在知识、能力与

价值观三方面的成长,构建出了课程思政教学效果评价的 4 个一级指标、12 个二级指标以及 24 个三级指标。同时,通过德尔菲法对课程思政教学效果评价指标体系进行了修正,并运用专家咨询法确定了一级指标和二级指标的权重。该指标体系为教师更准确地掌握课程思政教学效果提供参考,有助于教师改进课程思政教学设计与实施过程,提升课程思政教学质量。该指标体系也为教学管理者更好地掌握课程思政教学中的人才培养情况,进而更好地创设有效开展课程思政教学的环境条件和保障机制提供了依据。该指标体系在应用中需注意以下几方面内容。

其一,需面向与立足于学生,科学评价课程思政教学效果。

《高等学校课程思政建设指导纲要》中明确人才培养效果是课程思政建设评价的首要标准。学生是课程思政教学最直接的学习者与最终获益者。基于双环学习理论的课程思政教学效果评价指标体系在应用时,需立足于学生,从学生学习的角度以润物无声的方式充分检验课程思政教学效果,而不是从教师课程设计方面评价课程思政教学效果。

其二,引导学生"做正确的事"与"正确地做事"是课程思政教学效果评价的核心。

教师在应用基于双环学习理论的课程思政教学效果评价指标体系时需注重引导学生塑造正确的心智("做正确的事")与开展正确的行为("正确地做事")。本研究将双环学习模式迁移应用到学生在课程思政教学中的学习模式中,设计了学习行为、学习结果、学习反思以及心智模式改善 4 个一级指标。学生学习行为与学习结果构成了第一环——"正确地做事";学生学习反思与心智模式改善构成了第二环——"做正确的事"。双环相扣,密不可分。一线教师或教学管理者在使用时需兼顾学生的双环学习行为,在这一过程中,重点关注学生学习行为背后的规范、价值观念和核心信念,实现学生知识习得、能力培养与价值塑造三位一体的课程思政教学目标。

其三,课程思政教学效果评价需兼顾差异性和灵活性。

构建本评价指标体系的目的是能有效反映课程思政教学效果的各维度,对在指标体系实践应用中发现的教师不足之处进行反思,以提高课程思政教学质量。因此,教师或教学管理者在应用该指标体系时,需根据不同学校、不同学科差异进行调整。此外,本指标体系包括 4 个一级指标和 12 个二级指标,一级指标和二级指标的不同权重代表着在基于双环学习理论的课程思政教学中哪些指标相对更为重要,在实际进行课程思政教学效果评价时,教师可以利用权重灵活制定评分规则。

第七章

学生双环学习视域下的课程思政教学效果评价
指标体系应用:单门课程层次

我们选取"项目管理"这门课程作为案例,从总体评价与细分评价(一级指标评价、二级指标评价、差异评价)两大方面来阐述如何应用我们提出的双环学习视域下的课程思政教学效果评价指标体系,或者说来阐述如何应用我们提出的这一评价指标体系来评价一门具体课程的课程思政教学效果。

第一节 数据收集情况和总体效果

以"项目管理"课程为例,以第六章的评价指标体系为基础设计问卷并面向杭电选修此课程的学生发放问卷与收集数据。共计发放问卷 200 份,回收有效问卷 187 份。这些问卷的基本信息如下:

其一,学生性别分布。187 份有效问卷中,男生样本量为 129,占有效样本的 69.0%。女生样本量为 58,占有效样本的 31.0%。

其一,学生专业分布。在 187 份有效问卷中,共有 11 个专业的学生选修了该课程。人数最多的五个专业分别为信息管理与信息系统、通信工程、计算机科学与技术、工商管理、人力资源管理,共计占据样本总量的 84.0%。其中:信息管理与信息系统专业学生有 43 人,占有效样本的 23.0%;通信工程专业学生有 42 人,占有效样本的 22.5%；计算机科学与技术专业学生有 30 人，占有效样本的 16.0%；工商管理专业学生有 25 人，占有效样本的 13.4%；人力资源管理专业学生有 17 人，占有效样本的 9.1%。

其三，担任学生干部情况。参与调查的 187 位学生中，曾经或正在担任学生干部的学生为 44 人，占有效样本的 23.5%；与之相对应，未担任学生干部的学生人数为 143 人，占有效样本的 76.5%。

其四，学生政治面貌。参与调查的 187 位同学中，8 名学生是党员，占有效样本的 4.3%；148 名学生是共青团员，占有效样本的 79.1%；31 名学生为群众，占有效样本的 16.6%。

187 份有效问卷数据显示，"项目管理"课程的课程思政总体教学效果平均值为 4.1261(5 分制)，表明学生对课程思政总体教学效果的评价处于较高水平。此外，数据显示方差为 0.624，这意味着学生对课程思政教学效果的评价相对一致。

基于参与调查的 58 名女生和 129 名男生的数据，我们对比了不同性别的学生在课程思政总体教学效果评价上的差异性。从总体教学效果评价来看，女生的平均值为 3.9487，男生的平均值为 4.2059，男生整体评价得分略微高于女生。进一步地，通过 t 检验发现这种差异显著（$p < 0.05$）。

参与本次调查的学生年级分布情况为一年级学生 5 名、二年级学生 114 名、三年级学生 67 名、四年级学生 1 名。考虑到一年级学生和四年级学生参与调查的人数较少，重点对比二年级和三年级学生在课程思政教学总体效果评价上的差异。从总体教学效果评价来看，二年级学生的平均值为 4.0767，三年级学生的平均值为 4.1626，三年级学生的整体评价得分略高于二年级学生。

基于参与调查的 44 名学生干部和 143 名非学生干部，我们对比了学生干部与非学生干部在课程思政总体教学效果评价上的差异性。从总体教学效果评价来看，学生干部的平均值为 4.2299，非学生干部的平均值为 4.0942，学生干部整体评价得分略高于非学生干部。然而，t 检验显示 t 值为 0.917，即学生干部与非学生干部之间的差异不显著。

第二节 一级评价指标分析

一、一级评价指标的基本分析

通过分析学习行为、学习结果、学习反思和心智模式改善等 4 个一级指标,我们发现。

在学习行为方面,学生的平均值为 4.1339,显示出学生在课堂学习行为方面表现较好;方差为 0.702,表明学生对学习行为的评价较为一致。

在学习结果方面,学生的平均值为 4.1420,表明学生在知识、技能和价值观的获得方面取得了相对良好的成绩;方差为 0.645,表明学生对学习结果的评价较为一致。

在学习反思方面,学生的平均值为 4.1030,表明学生有明显的反思行为;方差为 0.673,表明学生对学习反思的评价较为一致。

在心智模式改善方面,学生的平均值为 4.1252,显示出学生在改善自己的心智模式方面取得了较好的进展;方差为 0.610,表明学生对心智模式改善的评价较为一致。

根据数据分析结果,"项目管理"课程的课程思政总体教学效果以及 4 个一级指标(学习行为、学习结果、学习反思和心智模式改善)的效果达到了较高水平,并且学生在这些方面的评价较为一致,详见表 7-1、图 7-1。

表 7-1 "项目管理"课程的课程思政教学效果的总体评价情况

一级指标	最小值	最大值	平均值		标准差	方差
	统计	统计	统计	标准误	统计	统计
总体效果	1.00	5.00	4.1261	0.05777	0.78993	0.624
学习行为	1.00	5.00	4.1339	0.06126	0.83768	0.702
学习结果	1.00	5.00	4.1420	0.05871	0.80284	0.645
学习反思	1.00	5.00	4.1030	0.05998	0.82021	0.673
心智模式改善	1.00	5.00	4.1252	0.05714	0.78132	0.610

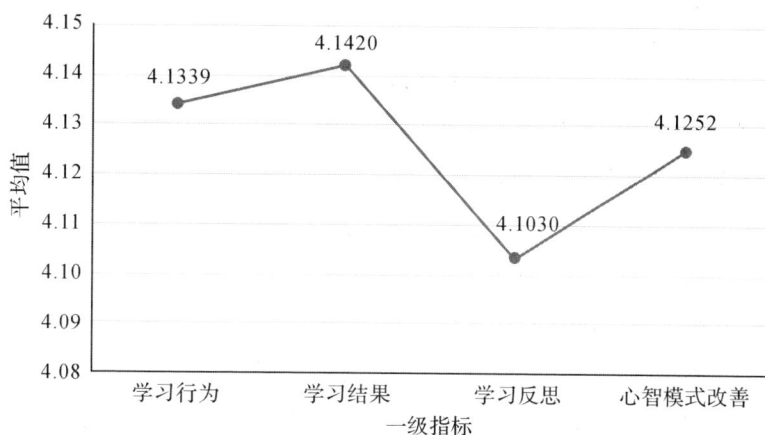

图 7-1 "项目管理"课程的课程思政教学效果一级评价指标平均值比较

二、基于学生特征的一级指标差异分析

(一)基于学生性别的一级指标差异分析

基于参与调查的 58 名女生和 129 名男生,我们对比了不同性别的学生在课程思政教学效果 4 个一级指标上的评价差异,详见表 7-2。

表 7-2 不同性别的学生在课程思政教学效果一级指标上的评价差异

一级指标	性别	频率	平均值	标准差	t	显著性(双尾)
学习行为	女	58	3.9325	0.78219	−2.298	0.023
	男	129	4.2244	0.84888		
学习结果	女	58	3.9800	0.72676	−1.957	0.053
	男	129	4.2149	0.82713		
学习反思	女	58	3.9224	0.75080	−2.125	0.036
	男	129	4.1842	0.83973		
心智模式改善	女	58	3.9563	0.71224	−2.090	0.039
	男	129	4.2012	0.80151		

在学习行为方面,女生的指标平均值为 3.9325,标准差为 0.78219,而男生的指标平均值为 4.2244,标准差为 0.84888。t 值为 −2.298,表明在学习行为方面,男女之间存在显著差异($p < 0.05$)。

在学习结果方面,女生的指标平均值为 3.9800,标准差为 0.72676,而男生的指标平均值为 4.2149,标准差为 0.82713。t 值为 −1.957,表明在学习结果方面,男女之间存在显著差异（$p<0.1$）。

在学习反思方面，女生的指标平均值为 3.9224，标准差为 0.75080，而男生的指标平均值为 4.1842，标准差为 0.83973。t 值为 −2.125，表明在学习反思方面，男女之间存在显著差异（$p<0.05$）。

在心智模式改善方面，女生的指标平均值为 3.9563，标准差为 0.71224，而男生的指标平均值为 4.2012，标准差为 0.80151。t 值为 −2.090，表明在心智模式改善方面，男女之间存在显著差异（$p<0.05$）。

根据以上数据分析，发现在被调查的"项目管理"这门课程中，学生性别对于课程思政教学效果各一级指标影响显著，因为在学习行为、学习结果、学习反思以及心智模式改善等一级指标中，男女之间的差异均达到了显著水平。

（二）基于学生年级的一级指标差异分析

在被调查的"项目管理"这门课程中，我们对比了二年级和三年级学生在课程思政教学效果 4 个一级指标上的评价差异，发现三年级学生在各一级指标中的得分均高于二年级学生，结果见表 7-3。

表 7-3　不同年级学生在课程思政教学效果一级指标上的评价差异

一级指标	年级	频率	平均值	标准差	平均值 95% 置信区间		最小值	最大值
					下限	上限		
学习行为	二年级	114	4.0873	0.75752	0.073	0.110	10.00	5.00
	三年级	67	4.1541	0.88566	0.137	0.179	1.00	5.00
学习结果	二年级	114	4.0803	0.73607	0.073	0.111	1.00	5.00
	三年级	67	4.1918	0.84567	0.135	0.177	1.00	5.00
学习反思	二年级	114	4.0222	0.78593	0.075	0.113	1.00	5.00
	三年级	67	4.1602	0.84749	0.136	0.177	1.00	5.00
心智模式改善	二年级	114	4.1075	0.70250	0.072	0.109	1.00	5.00
	三年级	67	4.1478	0.83209	0.136	0.178	1.00	5.00

在学习行为方面，二年级学生的指标平均值为 4.0873，标准差为 0.75752；三年级学生的指标平均值为 4.1541，标准差为 0.88566。三年级学生在学习行为指标上的平均值略高，表明其在学业进展过程中表现出更高的学习参与度和积极性。同时，三年级学生的标准差较二年级有所增加，显示出其在学习行为上存在较大差异，可能与个体的学习习惯、动机和环境因素的不同有关。

在学习结果方面,二年级学生的指标平均值为4.0803,标准差为0.73607;三年级学生的指标平均值为4.1918,标准差为0.84567。三年级学生在学习结果指标上的平均值相对较高,这可能反映了三年级课程内容的深入学习对学生知识掌握的积极影响。三年级学生的标准差较二年级有所增加,表明在该年级段,学生在学习结果上的个体差异更加显著。

在学习反思方面,二年级学生的指标平均值为4.0222,标准差为0.78593;三年级学生的指标平均值为4.1602,标准差为0.84749。三年级学生在学习反思指标上的平均值提升,表明他们在学习过程中的自我监控和反思能力有所增强,这可能与三年级学业难度加大、课程复杂性提升有关。在此过程中,学生更倾向于通过反思调整学习策略,以应对更高的学习要求。同时,三年级学生的标准差较二年级有所增加,表明三年级学生的个体差异加剧,可能反映出部分学生的反思意识和方法更为主动和成熟,而另一部分学生则反思不足甚至缺乏反思。

在心智模式改善方面,二年级学生的指标平均值为4.1075,标准差为0.70250;三年级学生的指标平均值为4.1478,标准差为0.83209。三年级学生在心智模式改善指标上的平均值略有上升,表明在高年级段,他们的思维方式和认知模式得到了一定优化。三年级学生的标准差较二年级有所增加,在一定程度上表明其个体间存在较大差异。

(三)基于学生干部任职情况的一级指标差异分析

我们对比了学生干部与非学生干部在课程思政教学效果4个一级指标上的评价差异,详见表7-4。

表7-4 学生干部与非学生干部在课程思政教学效果一级指标上的评价差异

一级指标	学生干部	频率	平均值	标准差	t	显著性(双尾)
学习行为	是	44	4.2205	0.09807	0.728	0.469
	否	143	4.1072	0.80950		
学习结果	是	44	4.2668	0.89472	1.091	0.279
	否	143	4.1036	0.77171		
学习反思	是	44	4.2210	0.92830	0.999	0.322
	否	143	4.0667	0.78398		
心智模式改善	是	44	4.2144	0.86043	0.808	0.422
	否	143	4.0978	0.75644		

在学习行为方面,学生干部的指标平均值为 4.2205,标准差为 0.09807,而非学生干部的指标平均值为 4.1072,标准差为 0.80950。t 值为 0.728,表明在学习行为方面,学生干部和非学生干部之间的差异不显著($p>0.1$)。

在学习结果方面,学生干部的指标平均值为 4.2668,标准差为 0.89472,而非学生干部的指标平均值为 4.1036,标准差为 0.77171。t 值为 1.091,表明在学习结果方面,学生干部和非学生干部之间的差异不显著($p>0.1$)。

在学习反思方面,学生干部的指标平均值为 4.2210,标准差为 0.92830,而非学生干部的指标平均值为 4.0667,标准差为 0.78398。t 值为 0.999,表明在学习反思方面,学生干部和非学生干部之间的差异不显著($p>0.1$)。

在心智模式改善方面,学生干部的指标平均值为 4.2144,标准差为 0.86043,而非学生干部的指标平均值为 4.0978,标准差为 0.75644。t 值为 0.808,表明在心智模式改善方面,学生干部和非学生干部之间的差异不显著($p>0.1$)。

根据以上数据分析结果,可以发现在被调查的"项目管理"这门课程中,学生干部身份对于课程思政教学效果各个一级指标均不存在显著的影响。

第三节　二级评价指标分析

一、二级评价指标的基本分析

(一)"学习行为"的二级指标分析

学习行为指标由知识学习、技能学习、价值观学习等 3 个二级指标组成。基于 187 份有效样本数据,对学习行为的 3 个二级指标进行了分析,得到:知识学习的平均值为 4.1203,标准差为 0.88610;技能学习的平均值为 4.0802,标准差为 0.90041;价值观学习的平均值为 4.1845,标准差为 0.83886。这些结果表明,在"项目管理"课程中,学生的知识学习、技能学习和价值观学习的平均值均处于较高水平(详见表 7-5),它们之间虽有一定差异,但差异性并不算大(参见图 7-2)。

表 7-5　学生学习行为指标下各维度描述性统计结果

二级指标	最小值	最大值	平均值	标准差
知识学习	1.00	5.00	4.1203	0.88610
技能学习	1.00	5.00	4.0802	0.90041
价值观学习	1.00	5.00	4.1845	0.83886

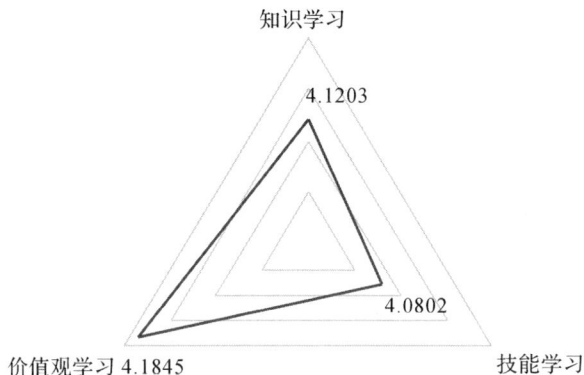

图 7-2　学生学习行为指标下的各二级指标均值差异性

（二）"学习结果"的二级指标分析

学习结果指标包括知识获得、技能获得和价值观获得等 3 个二级指标。基于 187 份有效问卷数据，我们对学生学习结果的 3 个二级指标进行了描述性统计分析。从表 7-6 可见，学生知识获得的平均值为 4.1123，标准差为 0.83808；技能获得的平均值为 4.1257，标准差为 0.85916；价值观获得的平均值为 4.1845，标准差为 0.81447。这些结果表明，在"项目管理"课程中，学生的知识获得、技能获得和价值观获得的平均值处于较高水平（详见表 7-6），它们之间虽有一定差异，但差异性并不算大（参见图 7-3）。

表 7-6　学生学习结果指标下各维度描述性统计结果

二级指标	最小值	最大值	平均值	标准差
知识获得	1.00	5.00	4.1123	0.83808
技能获得	1.00	5.00	4.1257	0.85916
价值观获得	1.00	5.00	4.1845	0.81447

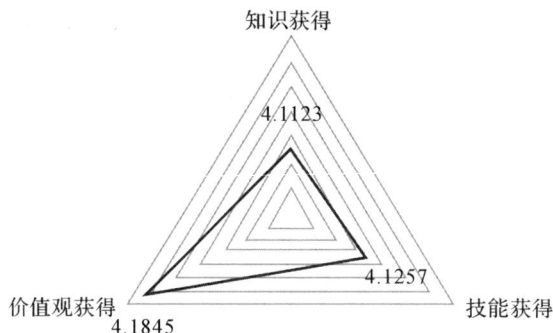

图 7-3　学生学习结果指标下的各二级指标均值差异性

(三)"学习反思"的二级指标分析

学习反思包括知识层面反思、技能层面反思和价值观层面反思 3 个主要构成因素。根据收集到的数据,我们对学生学习反思的各个二级指标进行了评估。在知识层面反思方面,学生的平均值为 4.0989,标准差为 0.86578;在技能层面反思方面,学生的平均值为 4.0802,标准差为 0.84972;在价值观层面反思方面,学生的平均值为 4.1283,标准差为 0.83092。这些结果表明,在"项目管理"课程中,学生的知识层面反思、技能层面反思和价值观层面反思的平均值处于较高水平(详见表 7-7),它们之间虽有一定差异,但差异性并不算大(参见图 7-4)。

表 7-7　学生学习反思指标下各维度描述性统计结果

二级指标	最小值	最大值	平均值	标准差
知识层面反思	1.00	5.00	4.0989	0.86578
技能层面反思	1.00	5.00	4.0802	0.84972
价值观层面反思	1.00	5.00	4.1283	0.83092

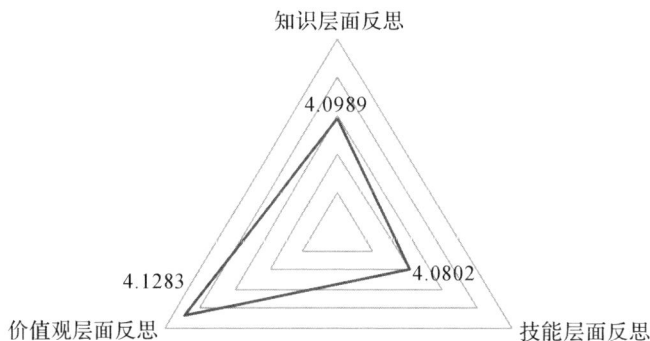

图 7-4　学生学习反思指标下的各二级指标均值差异性

（四）"心智模式改善"的二级指标分析

心智模式改善包括知识层面心智模式改善、技能层面心智模式改善和价值观层面心智模式改善 3 个主要构成因素。根据收集到的数据，对"项目管理"课程中学生心智模式改善的各个二级指标进行了评估。在知识层面心智模式改善方面，学生的平均值为 4.0749，标准差为 0.82778；在技能层面心智模式改善方面，学生的平均值为 4.0909，标准差为 0.81799；在价值观层面心智模式改善方面，学生的平均值为 4.1845，标准差为 0.80950。可见，在"项目管理"课程中，学生心智模式改善的 3 个二级指标的得分较高（详见表 7-8），它们之间虽有一定差异，但差异性并不算大（参见图 7-5）。

表 7-8　学生心智模式改善指标下各维度描述性统计结果

二级指标	最小值	最大值	平均值	标准差
知识层面心智模式改善	1.00	5.00	4.0749	0.82778
技能层面心智模式改善	1.00	5.00	4.0909	0.81799
价值观层面心智模式改善	1.00	5.00	4.1845	0.80950

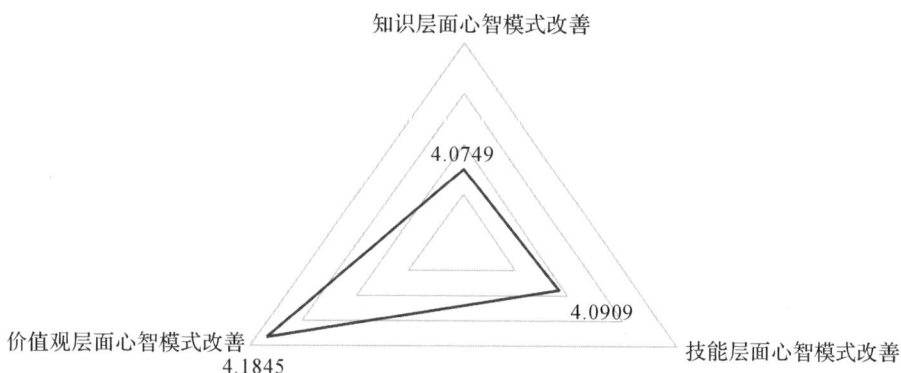

图 7-5　学生心智模式改善指标下的各二级指标均值差异性

二、基于学生特征的二级指标差异分析

(一)基于学生性别的二级指标差异分析

基于对 58 名女生和 129 名男生进行的调查,比较了不同性别的学生在二级指标上的差异,结果见表 7-9。

表 7-9　不同性别的学生在课程思政教学效果二级指标上的评价差异

一级指标	二级指标	性别	频率	平均值	标准差	t	显著性
学习行为	知识学习	女	58	3.9310	0.82954	−2.037	0.044
		男	129	4.2054	0.90055		
	技能学习	女	58	3.8879	0.80592	−2.083	0.039
		男	129	4.1667	0.92983		
	价值观学习	女	58	3.9655	0.82111	−2.436	0.016
		男	29	4.2829	0.83114		
学习结果	知识获得	女	58	3.9828	0.76069	−1.494	0.138
		男	129	4.1705	0.86714		
	技能获得	女	58	3.9397	0.74972	−2.139	0.034
		男	129	4.2093	0.89420		
	价值观获得	女	58	4.0086	0.76943	−2.049	0.043
		男	129	4.2636	0.82462		
学习反思	知识层面反思	女	58	3.9741	0.73998	−1.434	0.154
		男	129	4.1550	0.91387		
	技能层面反思	女	58	3.8966	0.77096	−2.095	0.038
		男	129	4.1628	0.87313		
	价值观层面反思	女	58	3.8879	0.80592	−2.718	0.008
		男	129	4.2364	0.82224		
心智模式改善	知识层面心智模式改善	女	58	3.9224	0.75395	−1.779	0.078
		男	129	4.1434	0.85283		
	技能层面心智模式改善	女	58	3.9138	0.69546	−2.166	0.032
		男	129	4.1705	0.85809		
	价值观层面心智模式改善	女	58	4.0086	0.77511	−2.047	0.043
		男	129	4.2636	0.81509		

从学习行为的角度观察了 3 个二级指标。首先,在知识学习方面,女生的知识学习平均值为 3.9310,男生的知识学习平均值为 4.2054。男生的平均值略高于女生,而 t 检验结果显示这种差异显著($p < 0.05$)。其次,在技能学习方面,女生的技能学习平均值为 3.8879,男生的技能学习平均值为 4.1667。男生的平均值高于女生,而 t 检验结果显示这种差异显著($p < 0.05$)。最后,在价值观学习方面,女生的价值观学习平均值为 3.9655,男生的价值观学习平均值为 4.2829。男生的平均值高于女生,而 t 检验结果显示这种差异显著($p < 0.05$)。此外,无论是男生还是女生,在知识学习、技能学习和价值观学习这三个维度中,都是价值观学习的平均值最高,其次是知识学习,最后是技能学习。

从学习结果的角度观察了 3 个二级指标。首先,在知识获得方面,女生的知识获得平均值为 3.9828,男生的为 4.1705。虽然男生的平均值稍高,但 t 检验结果显示这种差异并不显著($p > 0.1$)。其次,在技能获得方面,女生的技能获得平均值为 3.9397,男生的为 4.2093。男生的平均值略高于女生,t 检验结果显示这种差异显著($p < 0.05$)。最后,在价值观获得方面,女生的价值观获得平均值为 4.0086,男生的为 4.2636。男生的平均值略高于女生,t 检验结果显示这种差异显著($p < 0.05$)。此外,无论是男生还是女生,在知识获得、技能获得和价值观获得这三个维度中,价值观获得的平均值都最高;对男生而言,技能获得的平均值高于知识获得,女生则相反。

从学习反思的角度观察了 3 个二级指标。首先,在知识层面反思方面,女生的知识层面反思平均值为 3.9741,男生的为 4.1550。虽然男生的平均值略高,但 t 检验结果显示这种差异并不显著($p > 0.1$)。其次,在技能层面反思方面,女生的技能层面反思平均值为 3.8966,男生的为 4.1628。男生的平均值略高于女生,而且 t 检验结果显示这种差异显著($p < 0.05$)。最后,在价值观层面反思方面,女生的价值观层面反思平均值为 3.8879,男生的为 4.2364。男生的平均值略高于女生,而且 t 检验结果显示这种差异显著($p < 0.01$)。此外,对男生而言,价值观层面反思的平均值最高,其次是技能层面反思,最后是知识层面反思;而对女生而言,知识层面反思的平均值最高,技能层面反思的平均值略高于价值观层面反思的平均值。

从心智模式改善的角度观察了 3 个二级指标。首先,在知识层面心智模式改善方面,女生的知识层面心智模式改善的平均值为 3.9224,男生的为 4.1434。男生的平均值稍高于女生,而且 t 检验结果显示这种差异显著($p < 0.1$)。其次,在

技能层面心智模式改善方面,女生的技能层面心智模式改善的平均值为3.9138,男生的为4.1705。男生的平均值略高于女生,而且 t 检验结果显示这种差异显著($p<0.05$)。最后,在价值观层面心智模式改善方面,女生的价值观层面心智模式改善的平均值为4.0086,男生的为4.2636。男生的平均值略高于女生,而且 t 检验结果显示这种差异显著($p<0.05$)。此外,对男生而言,价值观层面心智模式改善的平均值最高,其次是技能层面心智模式改善,最后是知识层面心智模式改善;而对女生而言,价值观层面心智模式改善的平均值最高,其次是知识层面心智模式改善,最后是技能层面心智模式改善。

综合来看,在被调查的"项目管理"这门课程中,除了知识获得与知识层面反思外,在课程思政教学效果的其他二级指标上,男女之间的差异均已达到显著水平。

(二)基于学生年级的二级指标差异分析

考虑到样本中一年级学生人数(5人)和四年级学生人数(1人)过少,重点对比二年级学生(114名)和三年级学生(67名)在各二级指标上的得分表现,结果见表 7-10。

表 7-10 不同年级的学生在课程思政教学效果二级指标上的评价差异

一级指标	二级指标	年级	N	平均值	标准差	均值95%置信区间		最小值	最大值
						下限	上限		
学习行为	知识学习	二年级	114	4.0746	0.82689	0.074	0.115	1.00	5.00
		三年级	67	4.1360	0.92718	0.138	0.185	1.00	5.00
	技能学习	二年级	114	3.9851	0.90859	0.076	0.119	1.00	5.00
		三年级	67	4.1228	0.90123	0.138	0.181	1.00	5.00
	价值观学习	二年级	114	4.1716	0.73625	0.071	0.108	1.00	5.00
		三年级	67	4.1930	0.89371	0.135	0.176	1.00	5.00
学习结果	知识获得	二年级	114	4.0896	0.78781	0.073	0.115	1.00	5.00
		三年级	67	4.1404	0.87368	0.137	0.181	1.00	5.00
	技能获得	二年级	114	4.0373	0.84528	0.075	0.117	1.00	5.00
		三年级	67	4.1886	0.87591	0.135	0.178	1.00	5.00
	价值观获得	二年级	114	4.1045	0.72581	0.072	0.110	1.00	5.00
		三年级	67	4.2456	0.86793	0.132	0.176	1.00	5.00

一级指标	二级指标	年级	N	平均值	标准差	均值95％置信区间 下限	上限	最小值	最大值
学习反思	知识层面反思	二年级	114	4.0000	0.88763	0.076	0.119	1.00	5.00
		三年级	67	4.1623	0.86346	0.136	0.179	1.00	5.00
	技能层面反思	二年级	114	4.0000	0.83485	0.075	0.118	1.00	5.00
		三年级	67	4.1360	0.86803	0.137	0.180	1.00	5.00
	价值观层面反思	二年级	114	4.0672	0.76324	0.074	0.111	1.00	5.00
		三年级	67	4.1798	0.87271	0.135	0.177	1.00	5.00
心智模式改善	知识层面心智模式改善	二年级	114	4.0299	0.76317	0.074	0.113	1.00	5.00
		三年级	67	4.1096	0.87431	0.138	0.180	1.00	5.00
	技能层面心智模式改善	二年级	114	4.0970	0.74488	0.073	0.110	1.00	5.00
		三年级	67	4.1009	0.86521	0.138	0.181	1.00	5.00
	价值观层面心智模式改善	二年级	114	4.1716	0.75655	0.072	0.108	1.00	5.00
		三年级	67	4.2061	0.84877	0.134	0.177	1.00	5.00

二年级学生和三年级学生在学习行为方面的表现,主要涵盖了知识学习、技能学习和价值观学习这三个关键维度。二年级学生的知识学习指标平均值为4.0746,三年级学生的知识学习指标平均值为4.1360;二年级学生的技能学习指标平均值为3.9851,三年级学生的技能学习指标平均值为4.1228;二年级学生的价值观学习指标平均值为4.1716,三年级学生的价值观学习指标平均值为4.1930。可见,在"项目管理"课程中,三年级学生在知识学习、技能学习和价值观学习等3个二级指标上的得分平均值都比二年级学生的高。

在学习结果方面,主要涵盖了知识获得、技能获得和价值观获得这三个关键维度。对于知识获得,二年级学生的平均值为4.0896,而三年级学生的平均值为4.1404。在技能获得方面,二年级学生的平均值为4.0373,而三年级学生的平均值为4.1886。最后,在价值观获得这一维度上,二年级学生的平均值为4.1045,而三年级学生的平均值为4.2456。因此,三年级学生在知识获得、技能获得和价值观获得方面均表现出比二年级学生更高的水平。

在学习反思方面,对比了二年级学生和三年级学生在知识层面反思、技能层面反思以及价值观层面反思的表现。就知识层面反思而言，三年级学生的平均值为4.1623，相较于二年级学生的4.0000，呈现出稍高的水平。在技能层面反思方面，三年级学生的平均值为4.1360，略高于二年级学生的4.0000。而在价值观层面反思上，三年级学生的平均值为4.1798，相对于二年级学生的4.0672，也呈现出一定的提升。因此，三年级学生在知识、技能和价值观层面的反思水平相较于二年级有所提高。

在心智模式改善方面，分析了二年级学生和三年级学生在知识层面、技能层面和价值观层面的心智模式改善表现，发现：在知识层面心智模式改善上，三年级学生表现出一定的提升，平均值为4.1096，而二年级学生为4.0299。在技能层面心智模式改善上，两个年级的学生在心智模式改善方面表现相当。而在价值观层面心智模式改善上，三年级学生稍微领先，平均值为4.2061，而二年级学生为4.1716。因此，三年级学生在知识、技能、价值观等层面的心智模式改善水平相比于二年级而言有所提升。

这些结果表明，在被调查的"项目管理"课程中，三年级学生在学习行为、学习结果、学习反思和心智模式改善方面等一级指标下的12个二级指标上的表现均比二年级好。

(三)基于学生干部任职情况的二级指标差异分析

通过对44名学生干部和143名非学生干部的调查结果进行比较，可得到学生干部与非学生干部在课程思政教学效果各二级指标上的表现差异，结果见表7-11。

表7-11　学生干部与非学生干部在课程思政教学效果二级指标上的评价差异

一级指标	二级指标	学生干部	频率	平均值	标准差	t	显著性
学习行为	知识学习	是	44	4.2500	0.97944	1.034	0.305
		否	143	4.0804	0.85508		
	技能学习	是	44	4.2045	0.88474	1.060	0.293
		否	143	4.0420	0.90479		
	价值观学习	是	44	4.2045	0.94203	0.167	0.868
		否	143	4.1783	0.80798		

一级指标	二级指标	学生干部	频率	平均值	标准差	t	显著性
学习结果	知识获得	是	44	4.2614	0.87264	1.312	0.194
		否	143	4.0664	0.82487		
	技能获得	是	44	4.2955	0.87150	1.486	0.142
		否	143	4.0734	0.85159		
	价值观获得	是	44	4.2500	0.96147	0.541	0.591
		否	143	4.1643	0.76632		
学习反思	知识层面反思	是	44	4.2500	0.92447	1.264	0.211
		否	143	4.0524	0.84485		
	技能层面反思	是	44	4.2159	0.91752	1.148	0.255
		否	143	4.0385	0.82666		
	价值观层面反思	是	44	4.1932	0.97775	0.526	0.601
		否	143	4.1084	0.78305		
心智模式改善	知识层面心智模式改善	是	44	4.2045	0.89779	1.122	0.266
		否	143	4.0350	0.80415		
	技能层面心智模式改善	是	44	4.1705	0.85551	0.715	0.477
		否	143	4.0664	0.80762		
	价值层面心智模式改善	是	44	4.2500	0.87935	0.579	0.565
		否	143	4.1643	0.78896		

从学习行为的角度来看,学生干部的知识学习平均值为 4.2500,非学生干部为 4.0804,学生干部的平均值稍高,但差异不显著;学生干部的技能学习平均值为 4.2045,非学生干部的为 4.0420,学生干部的平均值稍高,但差异不显著;学生干部的价值观学习平均值为 4.2045,非学生干部的为 4.1783,学生干部的平均值稍高,但差异不显著。

从学习结果的角度来看,学生干部的知识获得平均值为 4.2614,非学生干部的为 4.0664,但二者不存在显著差异;学生干部的技能获得平均值为 4.2955,非学生干部的为 4.0734,但二者不存在显著差异;学生干部的价值观获得平均值为 4.2500,非学生干部的为 4.1643,学生干部的平均值稍高,但二者差异不显著。

从学习反思的角度来看,学生干部的知识层面反思平均值为4.2500,非学生干部的为4.0524,学生干部在知识层面上的反思平均值高于非学生干部,但差异不显著;学生干部的技能层面反思平均值为 4.2159,非学生干部的为 4.0385,学生干部在技能层面上的反思平均值高于非学生干部,但差异不显著;学生干部的价值观层面反思平均值为 4.1932,非学生干部的为 4.1084,学生干部的平均值稍高,但差异不显著。

从心智模式改善的角度来看,学生干部的知识层面心智模式改善平均值为 4.2045,非学生干部的为 4.0350,学生干部的平均值稍高,但两者间的差异不显著;学生干部的技能层面心智模式改善平均值为 4.1705,非学生干部的为 4.0664,学生干部的平均值稍高,但两者间的差异不显著;学生干部的价值观层面心智模式改善平均值为 4.2500,非学生干部的为 4.1643,学生干部的平均值稍高,但两者之间的差异依然不显著。

综上所述,在被调查的"项目管理"这门课程中,学生干部任职情况对课程思政教学效果所有的二级指标均不具有显著影响。

第四节　结论与建议

我们以"项目管理"课程为例,应用提出的双环学习视域下的评价指标体系进行了课程思政教学效果评价。我们不仅应用这一指标体系对这门课程的课程思政总体教学效果进行了评价,也对这门课程的课程思政教学效果的一些细分方面进行了评价,寻找了课程思政教学效果的一些影响因素。我们得出了以下几个方面的结论。

第一,该课程的课程思政教学效果较好。这表现在学生对该课程的课程思政总体效果评分较高,学生对学习行为、学习结果、学习反思与心智模式改善等一级指标评分较高,以及学生对于这些一级指标下的二级指标评分较高。

第二,学生在该课程中的单环学习与双环学习较为均衡。这表现在学生对于学习行为、学习结果等单环学习的评价以及学生对于学习反思与心智模式改善等双环学习的评价较为均衡。

第三,就该课程而言,学生性别可能是影响课程思政教学效果的一个因素。这表现在男生与女生在课程思政总体教学效果上的评价具有明显的差异性,男生与女生在学习行为、学习结果、学习反思和心智模式改善这 4 个课程思政教学效果一级指标上的评价具有明显的差异性，以及男生与女生在除了知识获得与知识层面反思外的课程思政教学效果其他二级指标上的评价具有明显的差异性。

第四，就该课程而言，学生年级可能也是影响课程思政教学效果的一个因素。这表现在不同年级（二年级与三年级）学生在课程思政总体教学效果上的评价具有明显的差异性，在学习行为、学习结果、学习反思和心智模式改善这4个课程思政教学效果一级指标上的评价具有明显的差异性，以及在课程思政教学效果二级指标上的评价具有明显的差异性。

其他课程也可以参照以上做法应用我们提出的双环学习视域下的评价指标体系对课程思政教学效果进行评价，不仅可以对总体教学效果进行评价，也可以对一些细分效果进行评价。

以上结论对于包括被我们调查的"项目管理"课程在内的广大课程也有启发，那就是课程思政教学效果除了受教学设计影响外，可能也会受到学生侧的一些因素的影响，例如性别与年级。因此，建议教师们在推进课程思政教学过程中要考虑学生性别与学生年级的影响。这也印证了我们提出的基于双环学习理论的课程思政教学设计的一个观点，即课程思政要以学生为中心。

第八章

学生双环学习视域下的课程思政教学效果
评价指标体系应用:教学组织层次

我们选取杭电管理学院工商管理专业作为案例,从总体评价与细分评价(一级指标评价、二级指标评价及其差异评价)两大方面来阐述如何应用我们提出的双环学习视域下的课程思政教学效果评价指标体系来评价超越单门课程的更大教学组织(例如专业与系、学院乃至学校)的课程思政教学效果。

第一节 数据收集情况

一、数据收集

我们于 2022 年 6 月至 2023 年 12 月对杭电管理学院工商管理专业开设的课程进行了一次广泛的问卷调查,旨在深入评价课程思政教学效果。这份问卷调查内容覆盖了选修学生的基本信息,以及他们在双环学习(学习行为、学习结果、学习反思以及心智模式改善)上的表现。

我们成功回收了 607 名学生的有效调查问卷。借助这些有效问卷数据,我们应用提出的双环学习视域下的课程思政教学效果评价指标体系,科学、客观地评价了该专业的课程思政教学效果,为后续开展课程思政教学提供有益的建议,也为推动学生的价值观塑造和全面发展提供启发。

二、样本特征

(一)学生情况

在607份有效问卷中,男生样本量为334人,占有效样本的55.0%。女生样本量为273人,占有效样本的45.0%。

607份有效问卷主要来自工商管理、信息管理与信息系统、通信工程、人力资源管理、计算机科学与技术、会计学、电子商务、保密管理、网络工程和信息安全等专业的学生,详见表8-1。

表8-1 学生专业分布情况

专业	频率	百分比/%	有效的百分比/%	累计百分比/%
工商管理	190	31.3	31.3	31.3
信息管理与信息系统	102	16.8	16.8	48.1
通信工程	52	8.6	8.6	56.7
人力资源管理	50	8.2	8.2	64.9
计算机科学与技术	43	7.1	7.1	72.0
会计学	39	6.4	6.4	78.4
电子商务	28	4.6	4.6	83.0
保密管理	15	2.5	2.5	85.5
网络工程	15	2.5	2.5	88.0
信息安全	11	1.8	1.8	89.8
网络空间安全	10	1.6	1.6	91.4
其他专业	52	8.6	8.6	100.0
总计	607	100.0	100.0	

参与调查的607名学生中,曾经或正在担任学生干部的学生为176人,占总样本数的29%;与之相对应,未担任学生干部的学生人数为431人,占总样本数的71%。

参与调查的607位同学中,58名学生是党员,占总样本数的9.6%;457名学生是共青团员,占总样本数的75.3%;92名学生为群众,占总样本数的15.2%。

(二)课程情况

本次调查主要涉及 57 门课程,但主要集中在该专业开设的项目管理、商业模式管理、管理学、市场营销学、创业管理等 11 门课程中。607 份问卷中有 480 份问卷是评价这 11 门课程的课程思政教学效果,占比 79.1%,详见表 8-2。

表 8-2　学生选修课程分布情况($N=480$)

课程	频率	百分比/%	有效的百分比/%	累计百分比/%
项目管理	187	30.8	30.8	30.8
商业模式管理	69	11.4	11.4	42.2
管理学	56	9.2	9.2	51.4
市场营销学	40	6.6	6.6	58.0
创业管理	38	6.3	6.3	64.3
商业模式创新	17	2.8	2.8	67.1
消费者行为学	17	2.8	2.8	69.9
企业战略管理	16	2.6	2.6	72.5
大数据分析方法与应用	14	2.3	2.3	74.8
电子商务技术	13	2.1	2.1	76.9
商业模式创新与商业伦理	13	2.1	2.1	79.1

在上述 57 门课程中,专业必修课和学科基础课(以下简称为"A 类课")占比 48.3%,专业选修课(以下简称为"B 类课")占比 35.4%,通识选修课(以下简称为"C 类课")占比 16.3%。

三、信度检验

信度是衡量研究数据可靠性的重要指标,通常是指利用问卷或测量工具所测量数据结果的稳定性、一致性和可靠性。借助统计分析软件 SPSS 22.0,我们利用克龙巴赫系数(Cronbach's α)、删除该项后的克龙巴赫系数和可靠性指数 CITC 对课程思政教学效果测度量表中的学习行为、学习结果、学习反思和心智模式改善等变量的信度进行检验,检验结果见表 8-3。

表 8-3 信度检验结果

变量	题项	CITC	删除该题项后的 α	α
学习行为（LB）	LB1	0.919	0.966	0.973
	LB2	0.912	0.967	
	LB3	0.923	0.966	
	LB4	0.918	0.966	
	LB5	0.890	0.969	
	LB6	0.895	0.969	
学习结果（LP）	LP1	0.905	0.960	0.967
	LP2	0.899	0.960	
	LP3	0.902	0.960	
	LP4	0.889	0.961	
	LP5	0.882	0.962	
	LP6	0.885	0.962	
学习反思（LR）	LR1	0.923	0.966	0.973
	LR2	0.908	0.968	
	LR3	0.903	0.968	
	LR4	0.920	0.966	
	LR5	0.902	0.968	
	LR6	0.904	0.968	
心智模式改善（MMI）	MMI1	0.914	0.962	0.969
	MMI2	0.905	0.963	
	MMI3	0.890	0.964	
	MMI4	0.897	0.964	
	MMI5	0.897	0.964	
	MMI6	0.899	0.964	

（一）学习行为信度检验

学习行为包括了 LB1 至 LB6 六个题项。学习行为的克龙巴赫系数为 0.973，大于阈值 0.7。各题项的 CITC 值都高于阈值 0.35，即便删除学习行为中的任何一个题项，整体克龙巴赫系数都会减小，这表明学习行为的测量具有较好的信度。

（二）学习结果信度检验

学习结果涵盖了 LP1 至 LP6 六个题项。学习结果的克龙巴赫系数为 0.967，大于阈值 0.7。各题项的 CITC 值在 0.882 到 0.905 之间，均超过了 0.35 的可靠性阈值。即便逐一删除学习结果中的任何一个题项，整体克龙巴赫系数都会减小，这表明学习结果测量具有较好的信度。

（三）学习反思信度检验

学习反思涉及 LR1 至 LR6 六个题项。学习反思的克龙巴赫系数为 0.973，大于阈值 0.7。各题项的 CITC 值在 0.902 到 0.923 之间，均远远超过了 0.35 的可靠性阈值。即便剔除学习反思中的任何一个题项，整体克龙巴赫系数都会减小，这表明学习反思的测量具有较好的信度。

（四）心智模式改善信度检验

心智模式改善包含 MMI1 至 MMI6 六个题项。心智模式改善的克龙巴赫系数为 0.969，大于阈值 0.7。各题项的 CITC 值分布在 0.890 到 0.914 之间，均超过了 0.35 的可靠性阈值。即便将心智模式改善中的任何一个题项排除，整体克龙巴赫系数均会减小，这表明心智模式改善的测量具有较好的信度。

四、效度检验

效度反映了测量结果的有效程度。效度检验通常包括内容效度检验和结构效度检验。内容效度是指所设计的题项内容代表了想要测量的目标构念。我们的课程思政教学效果评价指标体系经过两轮专家的修正和完善，并在正式调查前得到了教师和学生的良好反馈，因此，内容效度可以得到较好的保证。结构效度是指测量工具所得到的数据结构与构念的预期结构相一致，通常用因子分析来判别结构效度（吴明隆，2010）。

在进行探索性因子分析之前，先进行 KMO 值和巴特利球形检验。将 607 份问卷中的 24 个题项导入 SPSS 22.0 进行巴特利球形检验，结果显示：KMO 值为 0.980，大于 0.7，巴特利球形度检验近似卡方值为 23408.422，自由度（df）为 276，显著性（Sig）为 0.000，且在小于 0.001 水平上达到显著（非常显著），说明问卷各测度项之间存在共同因子，非常适合做因子分析（时立文，2012）。提取的学习行为、学习结果、学习反思和心智模式改善四个因子的总方差解释力度达到了

88.052%。

（一）学习行为的探索性因子分析

学习行为的 KMO 值为 0.923，大于 0.7。巴特利球形检验 Sig 为 0.000，且在小于 0.05 水平上达到显著。因子解释学习行为的总方差为 94.85%。这些结果表明学习行为适合做探索性因子分析。进一步地，学习行为的探索性因子分析结果（见表 8-4）显示学习行为可以提取三个因子，分别是知识学习、技能学习和价值观学习。其中，学习行为的第一个题项（LB1）和第二个题项（LB2）聚合在因子 1知识学习上；学习行为的第三个题项（LB3）和第四个题项（LB4）聚合在因子 2 技能学习上；学习行为的第五个题项（LB5）和第六个题项（LB6）聚合在因子 3 价值观学习上。上述三个因子与理论设想一致，且各个题项标准化因子荷载均大于0.5，说明学习行为测量具有较好的结构效度。

表 8-4 学习行为的探索性因子分析结果

题项	因子 1 知识学习	因子 2 技能学习	因子 3 价值观学习
LB1	**0.735**	0.438	0.462
LB2	**0.753**	0.443	0.431
LB3	0.498	**0.677**	0.481
LB4	0.494	**0.717**	0.442
LB5	0.431	0.332	**0.813**
LB6	0.364	0.431	**0.795**

（二）学习结果的探索性因子分析

学习结果的 KMO 值为 0.917，大于 0.7。巴特利球形检验 Sig 为 0.000，且在小于 0.05 水平上达到显著。因子解释学习结果的总方差为 93.95%。这些结果表明学习结果适合做探索性因子分析。进一步地，学习结果的探索性因子分析结果（见表 8-5）显示学习结果可以提取三个因子，分别是知识获得、技能获得和价值观获得。其中，学习结果的第一个题项（LP1）和第二个题项（LP2）聚合于因子1 知识获得；学习结果的第三个题项（LP3）和第四个题项（LP4）聚合于因子 2 技能获得；学习结果的第五个题项（LP5）和第六个题项（LP6）聚合于因子 3 价值观获得。上述三个因子与理论设想一致，且各个题项标准化因子荷载均大于 0.5，说明学习结果测量具有较好的结构效度。

表 8-5 学习结果的探索性因子分析结果

题项	因子 1 知识获得	因子 2 技能获得	因子 3 价值观获得
LP1	**0.786**	0.325	0.476
LP2	**0.702**	0.504	0.404
LP3	0.408	**0.662**	0.446
LP4	0.446	**0.774**	0.426
LP5	0.432	0.312	**0.818**
LP6	0.380	0.391	**0.808**

（三）学习反思的探索性因子分析

学习反思的 KMO 值为 0.939，大于 0.7。巴特利球形检验 Sig 为 0.000，且在小于 0.05 水平上达到显著。因子解释学习反思的总方差为 94.051%。这些结果表明学习反思适合做探索性因子分析。进一步地，学习反思的探索性因子分析结果（见表 8-6）显示学习反思可以提取三个因子，分别是知识层面反思、技能层面反思和价值观层面反思。其中，学习反思的第一个题项（LR1）和第二个题项（LR2）聚合于因子 1 知识层面反思；学习反思的第三个题项（LR3）和第四个题项（LR4）聚合于因子 2 技能层面反思；学习反思的第五个题项（LR5）和第六个题项（LR6）聚合于因子 3 价值观层面反思。上述三个因子与理论设想一致，且各个题项标准化因子荷载均大于 0.5，说明学习反思测量具有较好的结构效度。

表 8-6 学习反思的探索性因子分析结果

题项	因子 1 知识层面反思	因子 2 技能层面反思	因子 3 价值观层面反思
LR1	**0.767**	0.389	0.452
LR2	**0.758**	0.480	0.366
LR3	0.450	**0.757**	0.407
LR4	0.480	**0.693**	0.461
LR5	0.440	0.417	**0.776**
LR6	0.443	0.475	**0.630**

（四）心智模式改善的探索性因子分析

心智模式改善的 KMO 值为 0.941，大于 0.7。巴特利球形检验 Sig 为 0.000，且在小于 0.05 水平上达到显著。因子解释心智模式改善的总方差为93.320%。这些结果表明心智模式改善适合做探索性因子分析。进一步地,心智模式改善的探索性因子分析结果(见表 8-7)显示心智模式改善可以提取三个因子,分别是知识层面心智模式改善、技能层面心智模式改善和价值观层面心智模式改善。其中,心智模式改善的第一个题项(MMI1)和第二个题项(MMI2)聚合于因子 1 知识层面心智模式改善;心智模式改善的第三个题项(MMI3)和第四个题项(MMI4)聚合于因子 2 技能层面心智模式改善;心智模式改善的第五个题项(MMI5)和第六个题项(MMI6)聚合于因子 3 价值观层面心智模式改善。上述三个因子与理论设想一致,且各个题项标准化因子荷载均大于 0.5,说明对心智模式改善的测量具有较好的结构效度。

表 8-7 心智模式改善的探索性因子分析结果

题项	因子 1 知识层面心智模式改善	因子 2 技能层面心智模式改善	因子 3 价值观层面心智模式改善
MMI1	**0.794**	0.377	0.402
MMI2	**0.736**	0.351	0.492
MMI3	0.419	**0.678**	0.411
MMI4	0.455	**0.774**	0.439
MMI5	0.446	0.371	**0.772**
MMI6	0.459	0.366	**0.766**

第二节 总体效果与一级指标分析

一、总体效果与一级指标的基本表现

根据收集到的 607 份有效问卷数据,对课程思政总体教学效果进行了描述性统计分析。如表 8-8 所示,课程思政总体教学效果的平均值为 3.9537(5 分制),表明课程思政总体教学效果评价良好。此外,数据显示方差为 0.728,标准差为 0.85336,这表明学生对课程思政教学效果的评价相对一致。

表 8-8 学生对课程思政总体教学效果及其一级指标的评价

评价项	最小值	最大值	平均值	标准误	标准差	方差
总体教学效果	1.00	5.00	3.9537	0.03464	0.85336	0.728
学习行为	1.00	5.00	3.9634	0.03659	0.90148	0.813
学习结果	1.00	5.00	3.9614	0.03543	0.87299	0.762
学习反思	1.00	5.00	3.9353	0.03629	0.89416	0.800
心智模式改善	1.00	5.00	3.9542	0.03628	0.89381	0.799

在一级指标方面:学习行为方面的平均值为 3.9634,显示出学生在实施课程思政教学的课堂上表现出了较好的学习行为;方差为 0.813,表明学生对学习行为的评价较为一致。学习结果的平均值为 3.9614,表明学生在知识、技能和价值观的获得方面取得了相对良好的成效;方差为 0.762,这显示出学生对学习结果的评价较为一致。学习反思的平均值为 3.9353,表明学生在反思方面表现良好;方差为0.800,这表明学生对学习反思的评价较为一致。心智模式改善的平均值为 3.9542,显示心智模式改善维度上成效良好;方差为 0.799,这表明学生对心智模式改善的评价较为一致。

综合而言,学生对课程思政总体教学效果以及学习行为、学习结果、学习反思和心智模式改善等 4 个一级指标的评价达到了较高水平(图 8-1),并且学生在这些方面的评价较为一致。

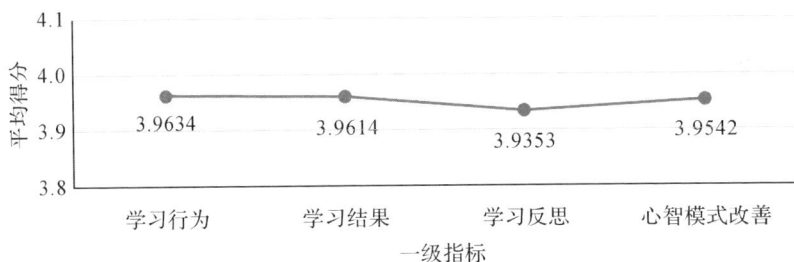

图 8-1 一级指标的均值比较

二、总体效果与一级指标的差异分析

(一)基于学生性别的差异分析

基于参与调查的 273 名女生和 334 名男生,我们对比了不同性别的学生在课程思政总体教学效果和 4 个一级指标上的差异性。从表 8-9 可见,女生的课程思政总体效果平均值为 3.9387,男生的平均值为 3.9660,男生整体上得分略微高于女生。但是,t 检验显示这种差异并不显著($p>0.05$)。

表 8-9　不同性别的学生在课程思政总体教学效果和各一级指标评价上的差异

评价项		性别	频率	平均值	标准差	t	p
总体效果		女	273	3.9387	0.80444	−0.397	0.692
		男	334	3.9660	0.89237		
一级指标	学习行为	女	273	3.9326	0.84793	−0.770	0.442
		男	334	3.9886	0.94352		
	学习结果	女	273	3.9571	0.81354	−0.111	0.911
		男	334	3.9649	0.91993		
	学习反思	女	273	3.9163	0.84611	−0.478	0.633
		男	334	3.9508	0.93257		
	心智模式改善	女	273	3.9457	0.83388	−0.215	0.830
		男	334	3.9612	0.94116		

表 8-9 也显示了不同性别的学生在 4 个一级指标评价上的差异性。在学习行为方面,女生对于学习行为的评价平均值为 3.9326,标准差为 0.84793;男生的评价平均值为 3.9886,标准差为 0.94352。然而,t 值为 −0.770,这意味着在学习行为方面,性别差异并不显著($p>0.05$)。

在学习结果方面,女生的评价平均值为 3.9571,标准差为 0.81354;男生的评价平均值为 3.9649,标准差为 0.91993。但是,t 值为 −0.111,表明在学习结果方面,男生女生之间没有显著差异($p>0.05$)。

在学习反思方面,女生的评价平均值为 3.9163,标准差为 0.84611;男生的评价平均值为 3.9508,标准差为 0.93257。然而,t 值为 −0.478,表明在学习反思方面,男生女生之间没有显著差异($p>0.05$)。

在心智模式改善方面,女生的评价平均值为 3.9457,标准差为 0.83388;男生的评价平均值为 3.9612,标准差为 0.94116。但是,t 值为 −0.215,表明在心智模式改善方面,男生女生之间没有显著差异($p>0.05$)。

综合来看,男生和女生在课程思政总体教学效果以及学习行为、学习结果、学习反思、心智模式改善等 4 个一级指标的差异并没有达到显著水平。

（二）基于学生干部任职情况的差异分析

基于参与调查的176名学生干部和431名非学生干部，我们对比了学生干部与非学生干部在课程思政总体教学效果和4个一级指标上的评价差异，结果见表8-10。

表8-10　基于学生干部任职情况的课程思政教学效果及其一级指标差异分析

	评价项	学生干部	频率	平均值	标准差	t	p
总体效果		是	176	4.0501	0.85998	1.782	0.075
		否	431	3.9143	0.84850		
一级指标	学习行为	是	176	4.0496	0.91412	1.506	0.133
		否	431	3.9283	0.89496		
	学习结果	是	176	4.0640	0.88968	1.854	0.064
		否	431	3.9195	0.86362		
	学习反思	是	176	4.0497	0.88418	2.020	0.044
		否	431	3.8886	0.89502		
	心智模式改善	是	176	4.0398	0.88536	1.509	0.132
		否	431	3.9193	0.89591		

在总体教学效果方面，学生干部的评价平均值为4.0501，而非学生干部的评价平均值为3.9143，学生干部整体评价略高于非学生干部。进一步的 t 检验发现 t 值为1.782，在 $p<0.1$ 的水平上显著，表明二者之间确实有差异。

接着分析学生干部身份对4个一级指标的影响。在学习行为方面，学生干部的评价平均值为4.0496，标准差为0.91412；非学生干部的评价平均值为3.9283，标准差为0.89496。t 值为1.506，$p>0.1$，这意味着在学习行为方面，学生干部和非学生干部之间的差异不显著。

在学习结果方面，学生干部的评价平均值为4.0640，标准差为0.88968；非学生干部的评价平均值为3.9195，标准差为0.86362。t 值为1.854，$p<0.1$，这表明在学习结果方面，学生干部和非学生干部之间存在差异性。

在学习反思方面，学生干部的评价平均值为4.0497，标准差为0.88418；非学生干部的评价平均值为3.8886，标准差为0.89502。t 值为2.020，$p<0.05$，表明在学习反思方面，学生干部和非学生干部之间存在差异性。

在心智模式改善方面，学生干部的评价平均值为4.0398，标准差为0.88536；

非学生干部的评价平均值为3.9193,标准差为0.89591。t 值为 1.509,$p > 0.1$,表明在心智模式改善方面,学生干部和非学生干部之间的差异不显著。

综合来看,学生干部身份对于课程思政总体教学效果有一定程度的影响。具体而言,学生干部身份对学生的学习结果和学习反思这两个一级指标有着显著的影响。

(三)基于课程类别的差异分析

从表 8-11 可知,不同类型课程的课程思政总体教学效果存在差异:A 类课的课程思政总体教学效果平均值为 3.9615,标准差为 0.83658;B 类课的课程思政总体教学效果平均值为 3.8606,标准差为 0.87708;C 类课的课程思政总体教学效果平均值为 4.1328,标准差为 0.82848。表 8-12 中的单因素方差分析结果表明,对于课程思政总体教学效果,$F = 3.501$,$p = 0.031 < 0.05$。可见,不同类型课程的课程思政总体教学效果存在显著的差异。

表 8-11　不同类型课程的课程思政总体教学效果及其一级指标的描述性统计

评价项		N	平均值	标准差	标准误	平均值95%置信区间 下限值	平均值95%置信区间 上限值	最小值	最大值
总体教学效果	A 类课	293	3.9615	0.83658	0.04887	3.8653	4.0577	1.00	5.00
	B 类课	215	3.8606	0.87708	0.05982	3.7427	3.9785	1.00	5.00
	C 类课	99	4.1328	0.82848	0.08327	3.9676	4.2981	1.00	5.00
学习行为	A 类课	293	3.9654	0.88517	0.05171	3.8636	4.0671	1.00	5.00
	B 类课	215	3.8661	0.92985	0.06342	3.7411	3.9911	1.00	5.00
	C 类课	99	4.1691	0.85971	0.08640	3.9977	4.3406	1.00	5.00
学习结果	A 类课	293	3.9624	0.87094	0.05088	3.8622	4.0625	1.00	5.00
	B 类课	215	3.8782	0.88183	0.06014	3.7597	3.9968	1.00	5.00
	C 类课	99	4.1390	0.84107	0.08453	3.9712	4.3067	1.00	5.00
学习反思	A 类课	293	3.9519	0.88624	0.05177	3.8500	4.0538	1.00	5.00
	B 类课	215	3.8370	0.90586	0.06178	3.7153	3.9588	1.00	5.00
	C 类课	99	4.0996	0.87328	0.08777	3.9254	4.2738	1.00	5.00
心智模式改善	A 类课	293	3.9653	0.89814	0.05247	3.8620	4.0685	1.00	5.00
	B 类课	215	3.8603	0.89818	0.06126	3.7396	3.9811	1.00	5.00
	C 类课	99	4.1255	0.85189	0.08562	3.9556	4.2954	1.00	5.00

表 8-12　不同类型课程的课程思政总体教学效果及其一级指标的单因素方差分析

评价项		平方和	df	平均方差	F	p
总体教学效果	组之间	5.058	2	2.529	3.501	0.031
	组内	436.249	604	0.722		
	总计	441.306	606			
学习行为	组之间	6.227	2	3.113	3.867	0.021
	组内	486.255	604	0.805		
	总计	492.481	606			
学习结果	组之间	4.610	2	2.305	3.045	0.048
	组内	457.230	604	0.757		
	总计	461.840	606			
学习反思	组之间	4.829	2	2.415	3.040	0.049
	组内	479.685	604	0.794		
	总计	484.514	606			
心智模式改善	组之间	4.836	2	2.418	3.047	0.048
	组内	479.300	604	0.794		
	总计	484.136	606			

接着分析基于课程类型的课程思政教学效果一级指标的差异性。

在学习行为方面,A 类课的平均值为 3.9654,标准差为 0.88517;B 类课的平均值为 3.8661,标准差为 0.92985;C 类课的平均值为 4.1691,标准差为0.85971。表 8-12 中的单因素方差分析结果表明,对于学习行为,$F=3.867$,$p=0.021<0.05$。可见,学生对在不同类型课程中的学习行为存在显著的差异。

在学习结果方面,A 类课的平均值为 3.9624,标准差为 0.87094;B 类课的平均值为 3.8782,标准差为 0.88183;C 类课的平均值为 4.1390,标准差为 0.84107。表 8-12中的单因素方差分析结果表明,对于学习结果,$F=3.045$,$p=0.048<0.05$。可见,学生对在不同类型课程中的学习结果评价存在着显著的差异。

在学习反思方面,A 类课的平均值为 3.9519,标准差为 0.88624;B 类课的平均值为 3.8370,标准差为 0.90586;C 类课的平均值为 4.0996,标准差为0.87328。表 8-12中的单因素方差分析结果表明,对于学习反思,$F=3.040$,$p=0.049<0.05$。可见,学生对在不同类型课程中的学习反思评价存在着显著的差异。

在心智模式改善方面,A 类课的平均值为 3.9653,标准差为 0.89814;B 类课的平均值为 3.8603,标准差为0.89818;C 类课的平均值为 4.1255,标准差为0.85189。

表 8-12 中的单因素方差分析结果表明,对于心智模式改善,$F = 3.047$,$p = 0.048 < 0.05$。可见,学生对在不同类型课程中的心智模式改善评价存在显著的差异。

综合来看,学生在不同类型课程中的学习行为、学习结果、学习反思和心智模式改善方面的表现在统计学上具有显著性差异,突出表现在学生在 C 类课中表现最好,A 类课居中,B 类课次之。

第三节　二级指标分析

一、二级指标的基本表现

(一)学习行为方面的二级指标基本表现

学习行为这一一级指标由知识学习、技能学习、价值观学习等 3 个二级指标构成。根据收集到的数据,对知识学习、技能学习和价值观学习这 3 个二级指标进行了评估,结果见表 8-13 和图 8-2。从中可知,知识学习的平均值为 3.9588,标准差为 0.93340;技能学习的平均值为 3.9110,标准差为 0.94108;价值观学习的平均值为 4.0049,标准差为 0.93650。可见,学生们的知识学习、技能学习和价值观学习水平处于较高水平且稳定,它们之间虽有一定差异但差异性并不大。

表 8-13　学习行为二级指标的描述性统计分析结果

二级指标	最小值	最大值	平均值	标准差
知识学习	1.00	5.00	3.9588	0.93340
技能学习	1.00	5.00	3.9110	0.94108
价值观学习	1.00	5.00	4.0049	0.93650

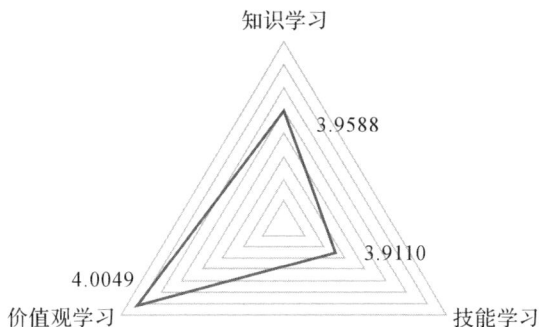

图 8-2　学习行为的二级指标平均值

(二)学习结果方面的二级指标基本表现

学习结果包括知识获得、技能获得和价值观获得等3个主要构成因素。根据收集到的数据,对学习结果二级指标进行了评估,结果见表8-14和图8-3。从中可知,知识获得方面的平均值为3.9613,标准差为0.91588,这说明学生在知识获得方面的评分相对较高且分布较为稳定;技能获得方面的平均值为3.9193,标准差为0.91966,这说明学生在技能获得方面的评分相对较高,且评分的分布相对较为稳定;价值观获得方面的平均值为3.9942,标准差为0.90125,这说明学生在价值观获得方面的评分相对较高且整体分布较为稳定。综上,学生在知识获得、技能获得、价值观获得等3个二级指标上均表现较好且稳定,它们之间虽有一定差异但差异性并不大。

表8-14 学习结果二级指标的描述性统计分析结果

二级指标	最小值	最大值	平均值	标准差
知识获得	1.00	5.00	3.9613	0.91588
技能获得	1.00	5.00	3.9193	0.91966
价值观获得	1.00	5.00	3.9942	0.90125

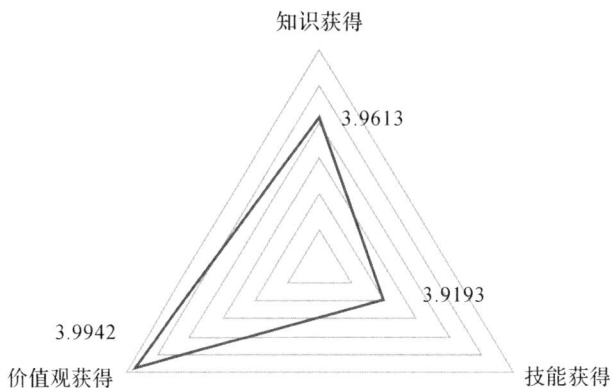

图8-3 学习结果的二级指标平均值

(三)学习反思方面的二级指标基本表现

学习反思包括知识层面反思、技能层面反思和价值观层面反思等3个二级指标。根据收集到的数据,对学习反思二级指标进行了评估,结果见表8-15和图8-4。从中可知,知识层面反思方面的平均值为3.9382,标准差为0.92046,方差为0.847,说明学生在知识层面反思方面的评价良好且稳定;技能层面反思方面的平均值为3.9275,标准差为0.91451,方差为0.836,说明学生在技能层面反思方面的评价良好且稳定;价值观层面反思方面的平均值为3.9390,标准差为0.92655,方差为0.858,说明学生价值观层面反思方面的评价良好且稳定。综上,学生在知识层面反思、技能层面反思和价值观层面反思等3个二级指标上均表现良好且稳定,它们之间虽有一定差异但差异性并不大。

表 8-15　学习反思二级指标的描述性统计分析结果

二级指标	最小值	最大值	平均值	标准差	方差
知识层面反思	1.00	5.00	3.9382	0.92046	0.847
技能层面反思	1.00	5.00	3.9275	0.91451	0.836
价值观层面反思	1.00	5.00	3.9390	0.92655	0.858

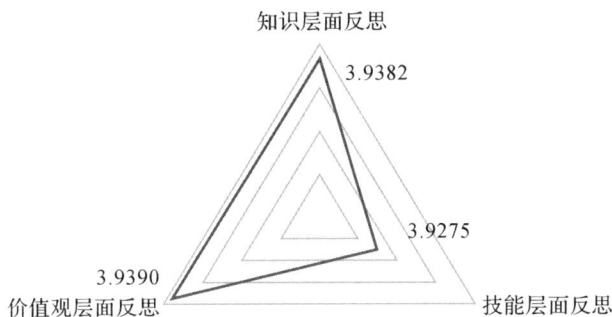

图 8-4　学习反思的二级指标平均值

(四)心智模式改善方面的二级指标基本表现

心智模式改善包括知识层面心智模式改善、技能层面心智模式改善和价值观层面心智模式改善等3个二级指标。根据收集到的数据,对学生心智模式改善的二级指标进行了评估,结果见表8-16和图8-5。从中可知,知识层面心智模式改善方面的平均值为3.9423,标准差为0.90696,方差为0.823,表明学生在知识层面心智模式改善方面有良好的表现且稳定;技能层面心智模式改善方面的平均值为3.9300,标准差为0.91808,方差为0.843,表明学生在技能层面心智模式改善方面有较好的表现且稳定;价值观层面心智模式改善方面的平均值为3.9786,标准差为0.93935,方差为0.882,表明学生在价值观层面心智模式改善方面表现良好且稳定。综上,学生在知识层面心智模式改善、技能层面心智模式改善和价值观层面心智模式改善方面都表现良好且稳定,它们之间虽有一定差异但差异性并不大。

表 8-16　心智模式改善二级指标的描述性统计分析结果

二级指标	最小值	最大值	平均值	标准差	方差
知识层面心智模式改善	1.00	5.00	3.9423	0.90696	0.823
技能层面心智模式改善	1.00	5.00	3.9300	0.91808	0.843
价值观层面心智模式改善	1.00	5.00	3.9786	0.93935	0.882

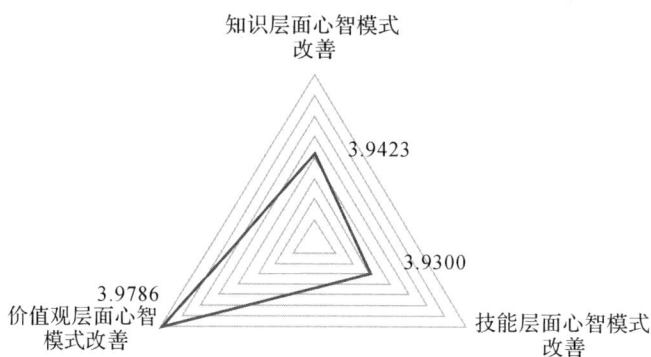

图 8-5　心智模式改善的二级指标平均值

二、二级指标的差异分析

(一)基于学生性别的二级指标差异分析

基于对 273 名女生和 334 名男生进行的调查,比较了不同性别的学生在二级指标上的差异,具体结果见表 8-17。

表 8-17　基于学生性别的课程思政教学效果二级指标差异比较

一级指标	二级指标	性别	频率	平均值	标准差	t	p
学习行为	知识学习	女	273	3.9286	0.87837	−0.729	0.466
		男	334	3.9835	0.97669		
	技能学习	女	273	3.8791	0.87974	−0.764	0.445
		男	334	3.9371	0.98895		
	价值观学习	女	273	3.9744	0.88973	−0.734	0.463
		男	334	4.0299	0.97368		

一级指标	二级指标	性别	频率	平均值	标准差	t	p
学习结果	知识获得	女	273	3.9469	0.86598	−0.350	0.727
		男	334	3.9731	0.95587		
	技能获得	女	273	3.8938	0.86053	−0.625	0.533
		男	334	3.9401	0.96610		
	价值观获得	女	273	4.0165	0.83946	0.556	0.578
		男	334	3.9760	0.94965		
学习反思	知识层面反思	女	273	3.9359	0.85991	−0.057	0.955
		男	334	3.9401	0.96842		
	技能层面反思	女	273	3.9048	0.86925	−0.559	0.576
		男	334	3.9461	0.95079		
	价值观层面反思	女	273	3.9048	0.88393	−0.824	0.410
		男	334	3.9671	0.96038		
心智模式改善	知识层面心智模式改善	女	273	3.9432	0.83329	0.022	0.982
		男	334	3.9416	0.96424		
	技能层面心智模式改善	女	273	3.9011	0.86034	−0.708	0.479
		男	334	3.9536	0.96334		
	价值观层面心智模式改善	女	273	3.9762	0.89852	−0.057	0.955
		男	334	3.9805	0.97279		

从学习行为的角度来看,评价了3个二级指标。①知识学习。女生的知识学习平均值为3.9286,男生的为3.9835。虽然男生的平均值略高于女生,但 t 检验结果显示,这种差异并不显著($p=0.466>0.05$)。②技能学习。女生的技能学习平均值为3.8791,男生的为3.9371。虽然男生的平均值看起来高于女生,但在统计意义上差异不显著($p=0.445>0.05$)。③价值观学习。女生的价值观学习平均值为3.9744,男生的为4.0299。男生的平均值稍高,但 t 检验结果显示这种差异并不显著($p=0.463>0.05$)。此外,无论是男生还是女生,在知识学习、技能学习和价值观学习这三个维度中,均是价值观学习的平均值最高,其次是知识学习,最后是技能学习。

从学习结果的角度来看,评价了3个二级指标。①知识获得。女生的知识获得平均值为3.9469,男生的为3.9731。虽然男生的平均值稍高,但 t 检验结果显示,这种差异并不显著($p=0.727>0.05$)。②技能获得。女生的技能获得平均值为 3.8938，男生的为 3.9401。虽然男生的平均值看起来高于女生，但在统计意义上差异并不显著（$p=0.533>0.05$）。③价值观获得。女生的价值观获得平均值为 4.0165，男生的为 3.9760。女生的平均值稍高，但 t 检验结果显示这种差异并不显著（$p=0.578>0.05$）。此外，无论是男生还是女生，在知识获得、技能获得和价值观获得这三个维度中，价值观获得的平均值最高，其次是知识获得，最后是技能获得。

从学习反思的角度来看，评价了 3 个二级指标。①知识层面反思。女生的知识层面反思平均值为 3.9359，男生的为 3.9401。虽然男生的平均值略高，但 t 检验结果显示，这种差异并不显著（$p=0.955>0.05$）。②技能层面反思。女生的技能层面反思平均值为 3.9048，男生的为 3.9461。虽然男生的平均值看起来高于女生，但在统计意义上差异并不显著（$p=0.576>0.05$）。③价值观层面反思。女生的价值观层面反思平均值为 3.9048，男生的为 3.9671。男生的平均值稍高，但 t 检验结果显示这种差异并不显著（$p=0.410>0.05$）。此外，对男生而言，价值观层面反思的平均值最高，其次是技能层面反思，最后是知识层面反思；而对女生而言，知识层面反思的平均值最高，技能层面反思和价值观层面反思次之。

从心智模式改善的角度来看，评价了 3 个二级指标。①知识层面心智模式改善。女生的知识层面心智模式改善平均值为 3.9432，男生的为 3.9416。虽然女生的平均值稍高，但 t 检验结果显示这种差异并不显著（$p=0.982>0.05$）。②技能层面心智模式改善。女生的技能层面心智模式改善平均值为 3.9011，男生的为 3.9536。虽然男生的平均值看起来高于女生，但在统计意义上差异并不显著（$p=0.479>0.05$）。③价值观层面心智模式改善。女生的价值观层面心智模式改善平均值为 3.9762，男生的为 3.9805。男生的平均值稍高，但 t 检验结果显示这种差异并不显著（$p=0.955>0.05$）。此外，对男生而言，价值观层面心智模式改善的平均值最高，其次是技能层面心智模式改善，最后是知识层面心智模式改善；而对女生而言，价值观层面心智模式改善的平均值最高，其次是知识层面心智模式改善，最后是技能层面心智模式改善。

综合来看，在上述 12 个一级指标中，尽管男生和女生之间存在细微的差异，但这些差异都没有达到统计意义上的显著水平。这表明性别因素对课程思政效果评价的各个二级指标的影响并不显著。

（二）基于学生干部任职情况的二级指标差异分析

我们对比了 176 名学生干部和 431 名非学生干部在课程思政教学效果的各

二级指标上的差异,具体结果见表8-18。

表 8-18 基于学生干部任职情况的课程思政教学效果二级指标差异分析

一级指标	二级指标	学生干部	频率	平均值	标准差	t	p
学习行为	知识学习	是	176	4.0625	0.94055	1.752	0.080
		否	431	3.9165	0.92823		
	技能学习	是	176	4.0227	0.90050	1.919	0.056
		否	431	3.8654	0.95442		
	价值观学习	是	176	4.0568	0.94092	0.872	0.384
		否	431	3.9838	0.93496		
学习结果行为	知识获得	是	176	4.0597	0.90277	1.694	0.091
		否	431	3.9211	0.91920		
	技能获得	是	176	4.0568	0.91318	2.364	0.018
		否	431	3.8631	0.91743		
	价值观获得	是	176	4.0739	0.91508	1.392	0.164
		否	431	3.9617	0.89458		
学习反思	知识层面反思	是	176	4.0597	0.89642	2.083	0.038
		否	431	3.8886	0.92655		
	技能层面反思	是	176	4.0483	0.89071	2.085	0.037
		否	431	3.8782	0.92051		
	价值观层面反思	是	176	4.0398	0.90938	1.714	0.087
		否	431	3.8979	0.93138		
心智模式改善	知识层面心智模式改善	是	176	4.0256	0.89805	1.446	0.149
		否	431	3.9084	0.90942		
	技能层面心智模式改善	是	176	4.0341	0.90489	1.789	0.074
		否	431	3.8875	0.92106		
	价值观层面心智模式改善	是	176	4.0540	0.91570	1.264	0.207
		否	431	3.9478	0.94816		

　　从学习行为的角度来看,评价了 3 个二级指标。①知识学习。学生干部的知识学习平均值为 4.0625,非学生干部的为 3.9165。学生干部的平均值稍高,且差异在 $p<0.1$ 水平上显著。②技能学习。学生干部的技能学习平均值为 4.0227,非学生干部的为 3.8654。学生干部的平均值稍高且与非学生干部存在差异

（$p<0.1$）。③价值观学习。学生干部的价值观学习平均值为 4.0568，非学生干部的为3.9838。学生干部的平均值稍高，但差异不显著。

从学习结果的角度来看，评价了 3 个二级指标。①知识获得。学生干部的知识获得平均值为4.0597，非学生干部的为 3.9211。学生干部的知识获得与非学生干部存在差异（$p<0.1$）。②技能获得。学生干部的技能获得平均值为4.0568，非学生干部的为 3.8631。学生干部与非学生干部在技能获得上存在显著差异（$p<0.05$）。③价值观获得。学生干部的价值观获得平均值为4.0739，非学生干部为3.9617。学生干部的平均值稍高，但差异不显著。

从学习反思的角度来看，评价了 3 个二级指标。①知识层面反思。学生干部的知识层面反思平均值为 4.0597，非学生干部的为 3.8886。学生干部在知识层面上的反思平均值高于非学生干部，且差异在 $p<0.05$ 水平上显著。②技能层面反思。学生干部的技能层面反思平均值为 4.0483，非学生干部的为 3.8782。学生干部在技能层面上的反思平均值高于非学生干部，且差异在 $p<0.05$ 水平上显著。③价值观层面反思。学生干部的价值观层面反思平均值为 4.0398，非学生干部的为 3.8979。两者间的差异在 $p<0.1$ 的水平上显著。

从心智模式改善的角度来看，评价了 3 个二级指标。①知识层面心智模式改善。学生干部的知识层面心智模式改善平均值为 4.0256，非学生干部的为3.9084，两者间的差异不显著。②技能层面心智模式改善。学生干部的技能层面心智模式改善平均值为 4.0341，非学生干部的为 3.8875，两者间的差异在 $p<0.1$水平上显著。③价值观层面心智模式改善。学生干部的价值观层面心智模式改善平均值为 4.0540，非学生干部的为3.9478，差异不显著。

综合来看，学生干部在学习行为方面的知识学习和技能学习 2 个二级指标得分相对于非学生干部存在一定差异。在学习结果方面，学生干部在知识获得上表现出一定程度的差异，而在技能获得方面明显优于非学生干部。在学习反思方面，学生干部在知识层面反思、技能层面反思与价值观层面反思上均与非学生干部存在一定程度的差异。至于心智模式改善方面，学生干部在 3 个二级指标中仅在技能层面心智模式改善上表现出一定程度的差异，而在知识层面心智模式改善和价值观层面心智模式改善上则没有显著差异。

（三）基于课程类别的二级指标差异分析

基于 A 类课程中的 293 个样本、B 类课程中的 215 个样本和 C 类课程中的

99 个样本,我们对比了不同类型课程在课程思政教学效果各二级指标上的差异,具体如表 8-19 所示。

表 8-19 不同类型课程的课程思政教学效果二级指标差异的描述性分析

一级指标	二级指标	课程类型	N	平均值	标准差	95％置信区间		最小值	最大值
						下限值	上限值		
学习行为	知识学习	A 类课	293	3.9573	0.91265	3.8524	4.0623	1.00	5.00
		B 类课	215	3.8767	0.96790	3.7466	4.0069	1.00	5.00
		C 类课	99	4.1414	0.90079	3.9618	4.3211	1.00	5.00
	技能学习	A 类课	293	3.9198	0.90917	3.8153	4.0243	1.00	5.00
		B 类课	215	3.8047	0.98658	3.6720	3.9373	1.00	5.00
		C 类课	99	4.1162	0.90584	3.9355	4.2968	1.00	5.00
	价值观学习	A 类课	293	4.0051	0.91644	3.8997	4.1105	1.00	5.00
		B 类课	215	3.9000	0.97540	3.7689	4.0311	1.00	5.00
		C 类课	99	4.2323	0.87573	4.0577	4.4070	1.00	5.00
学习结果	知识获得	A 类课	293	3.9676	0.92055	3.8617	4.0734	1.00	5.00
		B 类课	215	3.8767	0.91836	3.7533	4.0002	1.00	5.00
		C 类课	99	4.1263	0.88162	3.9504	4.3021	1.00	5.00
	技能获得	A 类课	293	3.9096	0.91852	3.8039	4.0152	1.00	5.00
		B 类课	215	3.8581	0.92833	3.7333	3.9829	1.00	5.00
		C 类课	99	4.0808	0.89416	3.9025	4.2591	1.00	5.00
	价值观获得	A 类课	293	3.9983	0.88219	3.8969	4.0997	1.00	5.00
		B 类课	215	3.8953	0.93453	3.7697	4.0210	1.00	5.00
		C 类课	99	4.1970	0.85660	4.0261	4.3678	1.00	5.00
学习反思	知识层面反思	A 类课	293	3.9625	0.91147	3.8577	4.0673	1.00	5.00
		B 类课	215	3.8395	0.93532	3.7138	3.9653	1.00	5.00
		C 类课	99	4.0808	0.89985	3.9013	4.2603	1.00	5.00
	技能层面反思	A 类课	293	3.9403	0.90320	3.8364	4.0441	1.00	5.00
		B 类课	215	3.8209	0.93693	3.6950	3.9469	1.00	5.00
		C 类课	99	4.1212	0.87216	3.9473	4.2952	1.00	5.00
	价值观层面反思	A 类课	293	3.9505	0.91512	3.8453	4.0557	1.00	5.00
		B 类课	215	3.8488	0.94433	3.7219	3.9758	1.00	5.00
		C 类课	99	4.1010	0.90627	3.9203	4.2818	1.00	5.00

一级指标	二级指标	课程类型	N	平均值	标准差	95％置信区间		最小值	最大值
						下限值	上限值		
心智模式改善	知识层面心智模式改善	A 类课	293	3.9556	0.90740	3.8513	4.0600	1.00	5.00
		B 类课	215	3.8395	0.92021	3.7158	3.9632	1.00	5.00
		C 类课	99	4.1263	0.85220	3.9563	4.2962	1.00	5.00
	技能层面心智模式改善	A 类课	293	3.9488	0.92294	3.8427	4.0549	1.00	5.00
		B 类课	215	3.8442	0.91081	3.7217	3.9666	1.00	5.00
		C 类课	99	4.0606	0.90990	3.8791	4.2421	1.00	5.00
	价值观层面心智模式改善	A 类课	293	3.9829	0.93343	3.8756	4.0903	1.00	5.00
		B 类课	215	3.8860	0.96057	3.7569	4.0152	1.00	5.00
		C 类课	99	4.1667	0.88928	3.9893	4.3440	1.00	5.00

从学习行为的角度来看,评价了 3 个二级指标。①知识学习。在 A 类课程中,学生的知识学习平均值为 3.9573,B 类课程为 3.8767,C 类课程为 4.1414。②技能学习。在 A 类课程中,学生的技能学习平均值为 3.8047,C 类课程为 4.1162。③价值观学习。在 A 类课程中,学生的价值观学习平均值为 4.0051,B 类课程为 3.9000,C 类课程为 4.2323。从上述数据可以看出,学生在 C 类课程中的知识学习、技能学习和价值观学习方面的平均水平较高,A 类课程处于中间,而 B 类课程相对较低。

从学习结果的角度来看,评价了 3 个二级指标。①知识获得。A 类课程的知识获得的平均值为 3.9676,B 类课程为 3.8767,C 类课程为 4.1263。②技能获得。A 类课程的技能获得的平均值为 3.9096,B 类课程为 3.8581,C 类课程为 4.0808。③价值观获得。A 类课程的价值观获得的平均值为 3.9983,B 类课程为 3.8953,C 类课程为 4.1970。从上述数据可见,学生在 C 类课程中的知识获得、技能获得和价值观获得 3 个二级指标上表现最为优秀,而 A 类课程通常在这些指标上排名第二,B 类课程则相对稍逊一筹。

从学习反思的角度来看,评价了 3 个二级指标。①知识层面反思。A 类课程的知识层面反思的平均值为 3.9625,B 类课程为 3.8395,C 类课程为 4.0808。②技能层面反思。A 类课程的技能层面反思的平均值为 3.9403,B 类课程为 3.8209,C 类课程为 4.1212。③价值观层面反思。A 类课程的价值观层面反思的平均值为 3.9505,B 类课程为 3.8488,C 类课程为 4.1010。从上述数据中可以看出,学生在 C 类课程中的知识层面反思、技能层面反思、价值观层面反思 3 个二级指标上表现最为突出,A 类课程处于中间,而 B 类课程则相对较差。

从心智模式改善的角度来看,评价了 3 个二级指标。①知识层面心智模式改善。A 类课程的知识层面心智模式改善平均值为 3.9556,B 类课程为 3.8395,C 类课程为 4.1263。②技能层面心智模式改善。A 类课程的技能层面心智模式改善平均值为 3.9488,B 类课程为 3.8442,C 类课程为 4.0606。③价值观层面心智模式改善。A 类课程的价值观层面心智模式改善的平均值为 3.9829,B 类课程为 3.8860,C 类课程为 4.1667。从这些数据中可见,学生在 C 类课程中的知识层面心智模式改善、技能层面心智模式改善与价值观层面心智模式改善上表现最好,A 类课程处于中间,而 B 类课程则相对较差。

接着运用单因素方差分析法比较不同类型课程在课程思政教学效果 12 个二级指标上的差异,结果如表 8-20 所示。

表 8-20　不同类型课程的课程思政教学效果二级指标的单因素方差分析

一级指标	二级指标	组间/组内	平方和	df	均方	F	p
学习行为	知识学习	组之间	4.750	2	2.375	2.741	0.065
		组内	523.221	604	0.866		
		总计	527.970	606			
	技能学习	组之间	6.621	2	3.311	3.772	0.024
		组内	530.075	604	0.878		
		总计	536.696	606			
	价值观学习	组之间	7.486	2	3.743	4.315	0.014
		组内	523.999	604	0.868		
		总计	531.485	606			
学习结果	知识获得	组之间	4.243	2	2.121	2.542	0.080
		组内	504.097	604	0.835		
		总计	508.340	606			
	技能获得	组之间	3.414	2	1.707	2.025	0.133
		组内	509.130	604	0.843		
		总计	512.544	606			
	价值观获得	组之间	6.176	2	3.088	3.837	0.022
		组内	486.054	604	0.805		
		总计	492.230	606			

一级指标	二级指标	组间/组内	平方和	df	均方	F	p
学习反思	知识层面反思	组之间	4.279	2	2.139	2.538	0.080
		组内	509.155	604	0.843		
		总计	513.433	606			
	技能层面反思	组之间	6.204	2	3.102	3.743	0.024
		组内	500.606	604	0.829		
		总计	506.811	606			
	价值观层面反思	组之间	4.385	2	2.193	2.567	0.078
		组内	515.860	604	0.854		
		总计	520.245	606			
心智模式改善	知识层面心智模式改善	组之间	5.673	2	2.836	3.476	0.032
		组内	492.809	604	0.816		
		总计	498.482	606			
	技能层面心智模式改善	组之间	3.376	2	1.688	2.009	0.135
		组内	507.399	604	0.840		
		总计	510.774	606			
	价值观层面心智模式改善	组之间	5.349	2	2.674	3.051	0.048
		组内	529.373	604	0.876		
		总计	534.722	606			

学习行为下的知识学习、技能学习和价值观学习,其对应的单因素方差分析 F 值分别为 $2.741(p<0.1)$、$3.772(p<0.05)$、$4.315(p<0.05)$。可见,学生在不同类型课程中的知识学习、技能学习和价值观学习上均有显著差异。

学习结果下的知识获得、技能获得和价值观获得,其对应的单因素方差分析 F 值分别为 $2.542(p<0.1)$、$2.025(p>0.1)$、$3.837(p<0.05)$。可见,学生在不同类型课程中的知识获得和价值观获得上均有显著差异,而在技能获得上并无显著差异。

学习反思下的知识层面反思、技能层面反思和价值观层面反思,其对应的单因素方差分析 F 值分别为 $2.538(p<0.1)$、$3.743(p<0.05)$、$2.567(p<0.1)$。可见,学生在不同类型课程中的知识层面反思、技能层面反思和价值观层面反思上均有显著差异。

心智模式改善下的知识层面心智改善、技能层面心智改善和价值观层面心智改善,其对应的单因素方差分析 F 值分别为 3.476($p<0.05$)、2.009($p>0.1$)、3.051($p<0.05$)。可见,学生在不同类型课程中的知识层面心智模式改善和价值观层面心智模式改善上均有显著差异,而在技能层面心智模式改善上并无显著差异。

第四节 结论与建议

我们以杭州电子科技大学工商管理专业为例,结合对 607 份问卷调查数据的分析,阐述了如何基于我们提出的双环学习视域下的评价指标体系对课程思政教学效果进行深入与系统的评价。我们取得了以下结论。

第一,就我们所调查的专业而言,课程思政总体教学效果较好且根据学生类型不同与课程类型不同而呈现出一定程度上的差异。

从学生的评价来看,课程思政总体教学效果得分较高,显示课程思政总体教学效果较好。而且,学生评价的标准差并不大,说明学生对课程思政教学总体效果评价相对收敛,进而相对一致。进一步地,课程思政总体教学效果会根据学生类型不同与课程类型不同而呈现出一定程度上的差异,具体来看:

首先,在男生与女生之间的差异方面,男生对课程思政总体教学效果的评价略高于女生。尽管 t 检验发现这种差异并不显著,但我们还是主张认可这种差异。一方面男生的评价数据确实高于女生的评价数据;另一方面,我们在前一章的"项目管理"课程评价中发现男生的评价比女生高且这种差异显著。更重要的是,当我们认可这种差异时,我们在课程思政教学中会考虑与求证男生与女生是否会存在差异,否则的话,可能会在一开始的课程思政教学设计中就忽略男生女生之间可能的差异,这不利于课程思政教学效果的提升。

其次,在学生干部与非学生干部之间的差异方面,学生干部身份对课程思政总体教学效果产生了显著影响,表现在学生干部与非学生干部之间的比较中,学生干部的评价平均值略高于非学生干部,且这一差异在统计意义上具有显著性。这一结论表明学生的角色认同会影响课程思政教学效果。

最后,在 A 类课、B 类课与 C 类课间的差异方面,课程类型对课程思政总体教学效果也产生了显著影响,表现在学生对于 C 类课课程思政总体教学效果的评分最高,A 类课次之,B 类课再次之。考虑到 A 类课、B 类课与 C 类课的特点,这一结论似乎表明相对轻松(例如课程考核轻松、上课氛围轻松)的课程(例如 C 类课)与相对重要(例如专业必修课、学科基础课)的课程(例如 A 类课)更能取得较好的课程思政教学效果。

第二,就我们所调查的专业而言,学生学习行为和学习结果构成的学生双环学习的第一环呈现出较好的态势,且根据学生类型不同与课程类型不同而在一定程度上呈现出差异。

通过对学生学习行为和学习结果这 2 个一级指标进行描述性统计分析,我们发现学生在有课程思政教学的课堂中展现出了较好的学习行为,并取得了较好的学习结果。具体而言,在学习行为的二级指标中,在知识学习、技能学习和价值观学习方面,学生都呈现出良好的表现。尤其是在价值观学习方面,学生的得分相对较高,紧随其后的是知识学习与技能学习。学习结果涉及知识获得、技能获得和价值观获得这 3 个二级指标,同样地,学生在这些方面也取得了较好的效果,其中价值观获得最为突出,接着是知识获得与技能获得。进一步地,我们进行了差异分析,发现:

首先,在男生与女生之间的差异方面:在学习行为与学习结果这两个课程思政教学效果一级指标方面,男生的评价都略高于女生。更深入的分析显示,男生和女生在学习行为下的 3 个二级指标(知识学习、技能学习、价值观学习)和学习结果下的 2 个二级指标(知识获得、技能获得)上的评价也略高于女生,而女生在学习结果下的价值观获得这个二级指标上的评价略高于男生。尽管 t 检验发现这些差异都不显著,但我们如同前文分析的那样,还是主张认可这些差异。

其次,在学生干部与非学生干部之间的差异方面:学生干部相对于非学生干部在学习行为上表现更好,但差异不具有统计学上的显著性。而在学习结果这个一级指标上,表现出学生干部一定程度上优于非学生干部且这种差异具有统计学上的显著性。进一步观察二级指标,发现在学习行为下的知识学习和技能学习方面,学生干部相比于非学生干部表现更好且这种差异显著。而在价值观层面学习上,虽然学生干部得分平均值较高,但未呈现出与非学生干部的显著差异。对学习结果下的二级指标进行分析,发现学生干部在知识获得和技能获得方面的平均值高于非学生干部且差异显著。而在价值观获得方面,学生干部的平均值虽稍高,但与非学生干部之间的差异并不显著。

最后,在 A 类课、B 类课与 C 类课间的差异方面:在学习行为和学习结果这两个一级指标上,学生在C类课程中的表现最为出色,其次是A类课程,最后是B类课程,且这些差异显著。进一步地,对学生在不同类型课程中的学习行为和学习结果下的各个二级指标进行深入分析,发现学生在C类课程中的知识学习、技能学习和价值观学习表现高于A类课程和B类课程,且这些差异显著;在学习结果方面,学生在C类课程中的知识获得、技能获得和价值观获得上的表现优于A类课程和B类课程,其中学生在三类课程中的知识获得与价值观获得上的差异具有显著性,而在三类课程中的技能获得上的差异不具显著性。

第三,就我们所调查的专业而言,学生学习反思和心智模式改善构成的学生双环学习的第二环呈现出较好的态势,且根据学生类型不同与课程类型不同而呈现出一定程度上的差异。

对于双环学习的第二环——学习反思和学生心智模式改善这两个一级指标进行描述性分析,结果显示学生对这两个指标的评价较好。具体而言,在学习反思的3个二级指标(知识层面反思、技能层面反思和价值观层面反思)上,学生表现都较好,尤其是在价值观层面反思这个二级指标上的平均值相对较高。在心智模式改善的3个二级指标(知识层面心智模式改善、技能层面心智模式改善和价值观层面心智模式改善)上,学生评价也都较好,尤其是在价值观层面心智模式改善上的平均值相对较高。进一步地,我们进行了差异分析,发现:

首先,在男生与女生之间的差异方面:在学习反思与心智模式改善这两个课程思政教学效果一级指标方面,男生的评价都略高于女生。更深入的分析显示,男生和女生在学习反思下的3个二级指标(知识层面反思、技能层面反思、价值观层面反思)和心智模式改善下的2个二级指标(技能层面心智模式改善、价值观层面知识模式改善)上的评价也略高于女生,而女生在心智模式改善下的知识层面心智模式改善这个二级指标上的评价略高于男生。尽管t检验发现这些差异都不显著,但我们如同前文分析的那样,主张认可这些差异。

其次,在学生干部与非学生干部之间的差异方面:学生干部相较于非学生干部在学习反思一级指标上表现更好且这种差异显著。在心智模式改善一级指标方面,学生干部相对于非学生干部表现更好但这种差异并不显著。在学习反思的二级指标中,学生干部在知识层面反思、技能层面反思和价值观层面反思上的表现均优于非学生干部,且这些差异显著。而在心智模式改善的二级指标中,学生干部在技能层面心智模式改善上优于非学生干部且这种差异显著,而在知识层面心智模式改善和价值观层面心智模式改善上虽然表现优于非学生干部但差异不显著。

最后,在 A 类课、B 类课与 C 类课间的差异方面:首先,从学习反思和心智模式改善的一级指标角度来看,学生在 C 类课程中的表现好于 A 类课程和 B 类课程,且这些差异显著。随后,进一步观察学习反思和心智模式改善的二级指标,发现学生在 C 类课程中的知识层面反思、技能层面反思和价值观层面反思,均展现出好于 A 类课程和 B 类课程中的表现,且这些差异显著;同样,学生在 C 类课程中的知识层面心智模式改善与价值观层面心智模式改善上的表现好于在 A 类课程与 B 类课程中的表现,且这些差异显著,在 C 类课程中的技能层面心智模式改善上的表现虽然也好于在 A 类课程与 B 类课程中的表现,但差异不显著。

第四,就我们所调查的专业而言,知识、技能与价值观之间呈现平衡与协同之势。

我们对于知识学习、技能学习与价值观学习的统计分析显示学生在这三个方面的平均值相对差异不大。类似情况表现在,学生在知识获得、技能获得与价值获得三个方面的平均值,在知识层面反思、技能层面反思与价值观层面反思三个方面的平均值,以及在知识层面心智模式改善、技能层面心智模式改善与价值观层面心智模式改善三个方面的平均值,相对差异都不大。这些结论表明课程思政教学与知识教学、技能教学并不冲突,可以兼得。进一步地,我们在考虑了学生性别、学生干部任职情况与课程类型的情况下,发现学生在知识、技能与价值观三方面的学习、获得、反思与心智模式改善上的平均值的差异也都比较小,再次表明课程思政教学与知识教学、技能教学并不冲突,可以兼得。

基于以上发现,我们向教学组织提出以下建议:

首先,从学生角度而非教师角度认识课程思政教学效果。这表现在要以学生为中心来认识课程思政教学效果,例如学生心智改善。我们不应从教师的角度来认识课程思政教学效果。例如,我们不能因为在课堂中引入了课程思政教学设计就认为取得了课程思政教学效果。

其次,课程思政教学效果是一个多层级、综合性的体系。课程思政教学效果不仅表现在学生正确地做事(学习行为与学习结果),也要表现在学生做正确的事(学习反思与心智改善)。课程思政教学效果不能仅仅重视学生的价值观形成与塑造,也要重视学生的知识与技能学习与获得。只有协同推进学生的知识、技能与价值观的学习、获得、反思与改善才是好的与值得认可的课程思政教学效果。

再次,在课程思政教学中要考虑学生特征的影响。学生性别与学生干部任职情况是开展课程思政教学时需要重视的一些显性因素。除此之外,还需要将学生学习动机、学习兴趣以及学生心理等更加隐性的因素也纳入考量,以便更加精准地设计和调整教学内容与方式。为了提升课程思政教学的精准性,教学组织可以从多方面进行优化。其一,在课程小组合作与任务分配中,应确保来自不同性别、身份背景的学生能够相互配对,并通过精心设计的任务,引导学生在团队合作中加强互动,加强彼此的理解与包容。其二,在课外实践活动中,应设计融合不同学生特征的小组任务,鼓励学生在社会实践、志愿服务等非课堂环境中开展合作,帮助学生在多样化团队中提升沟通与合作能力,强化团队协作意识。其三,针对不同学生的需求,可以通过个性化辅导与小组讨论的方式,进一步提升学生参与课程思政的积极性和效果。

最后,在课程思政教学中要考虑课程类型的影响。本研究通过问卷调查发现学生在通识选修课(C 类课)与专业必修课和学科基础课(A 类课)中的课程思政教学效果,要好于在专业选修课(B 类课)中的表现。分析其原因,一方面,A 类课和 C 类课的课程特征、教学目标更便于融入课程思政内容。A 类课作为专业的基础课和必修课,具有较强的系统性,能够与课程思政教育紧密结合;C 类课则以知识拓展和综合素质培养为目标,其较为宽泛的学科内容使得课程思政教育有更多的空间进行渗透。另一方面,学生在不同类型课程中的学习动机和心态也存在差异。学生在 A 类课中学习投入度较高,课程思政更容易引发他们的思考和认同;在 B 类课中,学生的学习动机更多基于个人能力发展需求,课程思政教育的吸引力和渗透度相对较低;而在 C 类课中,学生的动机比较多样,既有兴趣因素,也有提升综合素质的需求,课程思政能更好地激发他们对社会责任和价值观的思考。因此,需充分分析三类课之间的差异,探索提升各类课程思政教学效果的策略。尤其是在专业选修课(B 类课)中,应当鼓励教师结合课程特征和学生特点,创新教学模式,设计高质量课程思政案例来增强课程思政教学效果。比如:设计更具挑战性的课题,促使学生从更广泛的角度思考专业知识和实践问题的关系;通过跨学科的合作研讨和情境模拟等创新教学方法,激发学生的思辨和批判性思维,培养学生的社会责任感;注重学生学习行为的反馈,及时调整教学策略,增强学生的参与感和反思能力;通过跨文化交流与多元背景的融合,或者特定场景设计和实践活动,使学生在实践环境中理解专业知识的伦理与价值,进一步加强学生的价值观认同。

参考文献

本报评论员,2016-12-09.坚持走自己的高等教育发展道路:论学习贯彻习近平总书记高校思想政治工作会议讲话[N].人民日报(1).

本报评论员,2019-03-21.着力推动思政课改革创新[N].人民日报(2).

本书编写组,2020.习近平总书记教育重要论述讲义[M].北京:高等教育出版社.

蔡小春,刘英翠,顾希垚,等,2019.工科研究生培养中"课程思政"教学路径的探索与实践[J].学位与研究生教育(10):7-13.

常珊珊,李家清,2021.教师课程能力评价指标体系的建构研究[J].教育科学研究(4):30-35.

陈来,2005.论儒家教育思想的基本理念[J].北京大学学报(哲学社会科学版),42(5):198-205.

陈正昌,2015.SPSS与统计分析[M].北京:教育科学出版社.

成桂英,2018.推动"课程思政"教学改革的三个着力点[J].思想理论教育导刊(9):67-70.

戴健,2020.高校课程思政教学团队建构探析[J].江苏高教(12):100-103.

戴木才,2000.论德性养成教育[J].江西师范大学学报(哲学社会科学版),33(3):48-54.

董翠香,樊三明,高艳丽,2021.体育教育专业课程思政元素确立的理论依据与结构体系建构[J].体育学刊,28(1):7-13.

董翠香,樊三明,朱春山,等,2022.从认识到实践:高校体育教师课程思政教学问题聚焦与消解策略[J].武汉体育学院学报,56(5):5-12,38.

董韩博,2019.课程思政背景下高校思政课程学生评价策略研究[J].现代教育论坛,2(11):38-40.

杜震宇,张美玲,乔芳,2020.理工科课程思政的教学评价原则、标准与操作策略[J].思想理论教育(7):70-74.

樊三明,董翠香,毛薇,等,2022.体育专业技术类课程思政教学的理论审视与实践路径[J].西安体育学院学报,39(5):625-632.

丰涛,赵富学,2023.高校体育课程思政建设的分段推进研究[J].沈阳体育学院学报,42(4):24-30.

冯刚,2021.立德树人与时代新人培育的内在逻辑[J].四川师范大学学报(社会科学版),48(5):13-19.

福建省教育厅,2021-12-15.关于全面推进高等学校课程思政建设的实施意见(闽教高〔2021〕46 号)[EB/OL].[2023-12-14].http://jyt.fujian.gov.cn/xxgk/zywj/202112/t20211217_5795760.htm.

高德毅,宗爱东,2017.从思政课程到课程思政:从战略高度构建高校思想政治教育课程体系[J].中国高等教育(1):43-46.

高德毅,宗爱东,2017.课程思政:有效发挥课堂育人主渠道作用的必然选择[J].思想理论教育导刊(1):31-34.

高国希,2020.构建课程思政体系的教育哲学审视[J].思想理论教育(10):4-9.

高国希,2020.教师课程思政意识与能力的提升[J].教育研究,41(9):23-28.

高云萍,陈正权,2021.课程思政的认知逻辑与行动路向[J].曲靖师范学院学报,40(1):7-14.

顾晓英,2020.教师是做好高校课程思政教学改革的关键[J].中国高等教育(6):19-21.

韩丽颖,2016.立德树人:生成逻辑·精神实质·实践进路[J].东北师大学报(哲学社会科学版)(6):201-208.

韩宪洲,2018.以"课程思政"推进中国特色社会主义一流大学建设[J].中国高等教育(23):4-6.

韩宪洲,2019.深化"课程思政"建设需要着力把握的几个关键问题[J].北京联合大学学报(人文社会科学版),17(2):1-6,15.

韩宪洲,2020a.课程思政方法论探析:以北京联合大学为例[J].北京联合大学学报（人文社会科学版），18(2):1-6.

韩宪洲，2020b.课程思政:新时代中国特色社会主义高等教育的理论创新与实践
　　创新[J].中国高等教育(22):15-17.

韩宪洲，2021.以课程思政推进师德师风建设的内在逻辑与现实路径[J].思想理
　　论教育导刊(7):123-127.

韩宪洲，2023.专业思政:深化课程思政的逻辑遵循与实践要求[J].中国高等教育
　　(5):33-36.

郝德永，2021."课程思政"的问题指向、逻辑机理及建设机制[J].高等教育研究，
　　42(7):85-91.

何红娟，2017."思政课程"到"课程思政"发展的内在逻辑及建构策略[J].思想政
　　治教育研究，33(5):60-64.

何玉海，2019.关于"课程思政"的本质内涵与实现路径的探索[J].思想理论教育
　　导刊(10):130-134.

胡洪彬，2022.迈向课程思政教学评价的体系架构与机制[J].中国大学教学(4):
　　66-74.

胡志刚，2016.从"德性"到"个性":"德性"和"道德"的区分与西方政治伦理观的古
　　今断裂[J].道德与文明(3):121-126.

江苏省教育厅，2020-07-07.深入推进全省高等学校课程思政建设的实施意见(苏
　　教高〔2020〕3 号)[EB/OL].〔2023-12-14〕. http://jyt. jiangsu. gov. cn/art/
　　2020/7/9/art_58320_9307162. html.

教育部，2018-09-17.教育部关于加快建设高水平本科教育 全面提高人才培养能力的
　　意见(教高〔2018〕2 号)[EB/OL].〔2023-12-14〕. https://www. gov. cn/gongbao/
　　content/2019/content_5362027. htm? ivk_sa＝1024320u.

教育部，2020-05-28.教育部关于印发《高等学校课程思政建设指导纲要》的通知(教
　　高〔2020〕3 号)[EB/OL].〔2023-12-14〕. https://www. gov. cn/zhengce/
　　zhengceku/2020-06/06/content_5517606. htm.

教育部,中共中央组织部,中共中央宣传部,等,2020-04-22.教育部等八部门关于加快
　　构建高校思想政治工作体系的意见(教思政〔2020〕1 号)[EB/OL].〔2023-12-14〕.
　　http://www. gov. cn/zhengce/zhengceku/2020-15/15/content-5511731. htm.

教育部,中共中央宣传部,中共中央网络安全和信息化委员办公室,等,2022-07-25.
　　教育部等十部门关于印发《全面推进"大思政课"建设的工作方案》的通知(教社

科〔2022〕3 号）[EB/OL]. [2023-12-14]. https://www. gov. cn/zhengce/ zhengceku/2022-08/24/content_5706623. htm.

教育部课题组,2019.深入学习习近平关于教育的重要论述[M].北京:人民出版社.

李沐曦,2022.新时代高校"三全育人"理论与实践研究[D].长春:吉林大学.

李西顺,2013.德育叙事之"阻隔"问题探究[J].教育研究,34(2):59-64.

李西顺,2015.双环式道德学习:内涵及基本特征[J].首都师范大学学报(社会科学版)(2):131-136.

梁红军,2015.儒家德性精神与社会主义核心价值观涵养[J].深圳大学学报(人文社会科学版),32(3):80-85.

刘鹤,石瑛,金祥雷,2019.课程思政建设的理性内涵与实施路径[J].中国大学教学(3):59-62.

刘建军,2020.课程思政:内涵、特点与路径[J].教育研究,41(9):28-33.

刘永林,2022.基于第四代评价理论的高校课程思政教学评价负面清单规范研究[J].北方工业大学学报,34(6):9-14.

娄淑华,马超,2021.新时代课程思政建设的焦点目标、难点问题及着力方向[J].新疆师范大学学报(哲学社会科学版),42(5):96-104.

卢诚,2007.高校思政新课程实践性教学改革的几点思考[J].毛泽东思想研究(5):150-152.

陆道坤,2018.课程思政推行中若干核心问题及解决思路:基于专业课程思政的探讨[J].思想理论教育(3),64-69.

陆道坤,2021.课程思政评价的设计与实施[J].思想理论教育(3):25-31.

陆道坤,2022.新时代课程思政的研究进展、难点焦点及未来走向[J].新疆师范大学学报(哲学社会科学版),43(3):43-58.

罗仲尤,段丽,陈辉,2019.高校专业课教师推进课程思政的实践逻辑[J].思想理论教育导刊(11):138-143.

闵辉,2017.课程思政与高校哲学社会科学育人功能[J].思想理论教育(7):21-25.

欧阳雪梅,2015.毛泽东"又红又专"思想的提出及影响[J].毛泽东研究(4):45-51.

蒲清平,黄媛媛,2023.党的二十大精神融入课程思政的价值意蕴与实践路径[J].

重庆大学学报社会科学版,28(6):286-298.

强飙,2017.基于本质还原论的高校思想政治教育课程转型研究:兼谈思政课程慕课实践的困境与出路[J].江苏高教(12):53-55.

邱仁富,2018."课程思政"与"思政课程"同向同行的理论阐释[J].思想教育研究(4):109-113.

邱伟光,2017.课程思政的价值意蕴与生成路径[J].思想理论教育(7):10-14.

山东省教育厅,2021-10-08.关于深入推进高等学校课程思政建设的实施意见(鲁教高字〔2021〕4号)[EB/OL].〔2023-12-14〕.http://edu.shandong.gov.cn/art/2021/10/16/art_107055_10294182.html.

石定芳,廖婧茜,2021.新时代高校课程思政建设的本真、阻碍与进路[J].现代教育管理,41(4):38-44.

石书臣,2018.正确把握"课程思政"与思政课程的关系[J].思想理论教育(11):57-61.

时立文,2012.SPSS 19.0统计分析:从入门到精通[M].北京:清华大学出版社.

孙蚌珠,2019.思想政治理论课要着力培养学生"三个认同"[J].思想理论教育导刊(5):19-22.

孙莉,2009.蔡元培与美育[J].档案与建设(6):47-48.

汤苗苗,董美娟,2020.高校课程思政建设存在的问题及对策[J].学校党建与思想教育(22):54-55.

唐德海,李枭鹰,郭新伟,2020."课程思政"三问:本质、界域和实践[J].现代教育管理(10):52-58,70.

王芳,2020."课程思政"建设中发挥思想政治理论课主渠道作用的探索[J].教育理论与实践,40(6):35-37.

王海威,王伯承,2018.论高校课程思政的核心要义与实践路径[J].学校党建与思想教育(14):32-34.

王丽华,2019.高职院校"思政课程"与"课程思政"协同育人模式构建的逻辑理路探究[J].中国职业技术教育(18):71-75.

王瑞,2021.思政课程领航课程思政论略[J].中国电化教育,42(10):65-71.

王婷婷,赵生学,2021.课程思政文献综述与研究展望:基于CNKI的CSSCI 1978—2021[J].西昌学院学报(社会科学版),33(4):29-35.

王星,张勤茹,2020.基于咨询法的课程学习效果多元评价指标体系构建与实践

[J].成都师范学院学报,36(12):47-56.

王秀阁,2019.关于"课程思政"的几个基本问题:基于体育"课程思政"的思考[J].
天津体育学院学报,34(3):188-190.

王学俭,石岩,2020.新时代课程思政的内涵、特点、难点及应对策略[J].新疆师范
大学学报(哲学社会科学版),41(2):50-58.

王莹,孙其昂,2021.高校课程思政教师的政治底蕴:学理阐释与厚植路径[J].高
校教育管理(2):88-97.

王岳喜,2020.论高校课程思政评价体系的构建[J].思想理论教育导刊(10):
125-130.

吴明隆,2010.问卷统计分析实务:SPSS操作与应用[M].重庆:重庆大学出版社.

吴潜涛,赵政鑫,2022.党的十八大以来思政课教学质量建设成就述评[J].思想政
治工作研究(7):40-43.

伍醒,顾建明,2019."课程思政"理念的历史逻辑、制度诉求与行动路向[J].大学
教育科学(3):54-60.

习近平,2018-05-03.在北京大学师生座谈会上的讲话(2018年5月2日)[N].人
民日报(2).

肖文红,2019.中华优秀传统道德文化与高校立德树人相融合的时代价值及其路
径[J].现代教育科学(10):60-64,97.

肖香龙,朱珠,2018."大思政"格局下课程思政的探索与实践[J].思想理论教育导
刊(10):133-135.

新华社,2017-02-08.中共中央、国务院印发《关于加强和改进新形势下高校思想
政治工作的意见》[N/OL].[2023-12-14].https://www.gov.cn/xinwen/
2017-02/27/content_5182502.htm.

新华社,2017-09-24.中共中央办公厅、国务院办公厅印发《关于深化教育体制机
制改革的意见》[EB/OL].[2023-12-14].https://www.gov.cn/zhengce/2017-
09/24/Content_5227267.htm.

新华网,2018-09-10.坚持中国特色社会主义教育发展道路 培养德智体美劳全面
发展的社会主义建设者和接班人[EB/OL].[2023-12-14].http://www.moe.
gov.cn/jyb_xwfb/s6052/moe_838/201809/t20180910_348145.html.

许硕,葛舒阳,2019."思政课程"与"课程思政"关系辨析[J].思想政治教育研究,
35(6):84-87.

许祥云,王佳佳,2022.高校课程思政综合评价指标体系构建:基于 CIPP 评价模式的理论框架[J].高校教育管理,16(1):47-60.

鄢显俊,2020.论高校"课程思政"的"思政元素"、实践误区及教育评估[J].思想教育研究(2):88-92.

杨茂,2017.网络文化教育:教育环境改变后的大学生思想政治教育新途径[J].电子科技大学学报(社科版),19(1):43-47.

易鹏,王永友,2021.统筹课程思政与思政课程的逻辑起点和实践指向[J].中国电化教育,42(4):54-58,66.

翟峥,王文丽,2021.基于课程思政链的大学英语混合式教学实践探索:以英语通识课"媒介素养"为例[J].外语电化教学(6):63-67,10.

张博,2022.新时代高校"课程思政"建设研究[D].长春:吉林大学.

张大良,2021.课程思政:新时期立德树人的根本遵循[J].中国高教研究(1):5-9.

张瑞,覃千钟,2021.课程思政教学评价:内涵、阻力及化解[J].教育理论与实践,41(36):49-52.

张烁,鞠鹏,2016-12-09.把思想政治工作贯穿教育教学全过程 开创我国高等教育事业发展新局面[N].人民日报(1).

张烁,谢环驰,2019-03-19.用新时代中国特色社会主义思想铸魂育人 贯彻党的教育方针落实立德树人根本任务[N].人民日报(1).

张智,2017.习近平关于思想政治教育工作的五个比喻析论[J].思想理论教育导刊(5):131-135.

赵洱崚,于彤彤,刘力纬,等,2018.育心明德,道术相济:建构信息技术与教学融合的课程思政之路[J].中国大学教学(9):52-55.

赵富学,李林,丰涛,等,2022a.体育课程思政建设的内生素材向优质案例转化研究[J].体育学研究,36(6):78-87.

赵富学,李林,王杰,等,2022b.高校体育课程思政建设提质增效的方法创新与路径推展研究[J].天津体育学院学报,37(4):387-394.

赵富学,沈兆鑫,李壮壮,2023.体育课程思政建设素材的组构程式促进典型课例生成研究[J].成都体育学院学报,49(2):66-72.

赵继伟,2019."课程思政":涵义、理念、问题与对策[J].湖北经济学院学报,17(2):114-119.

赵蒙成,2019."立德树人"视域中综合实践活动课程的品质提升[J].课程·教材·教法(12):49-55.

赵永芳,2013.在信息技术教学中渗透德育培养德才兼备人才[J].成才之路(12):
　　15-15.

浙江省教育厅,2020-12-09.浙江省教育厅关于印发《浙江省高校课程思政建设实
　　施方案》的通知(浙教高〔2020〕61号)[EB/OL].[2023-12-14].http://jyt.
　　zj.gov.cn/art/2020/12/10/art_1228998760_58916526.html.

郑永廷,张彦,2006.德育发展研究:面向21世纪中国高校德育探索[M].北京:人
　　民出版社.

中共北京市委教育工作委员会,北京市教育委员会,2021-04-16.中共北京市委教
　　育工作委员会、北京市教育委员会关于印发《全面推进北京高等学校课程思政
　　建设工作方案》的通知(京教高〔2021〕2号)[EB/OL].[2023-12-14].https://〗
　　www.beijing.gov.cn/zhengce/zhengcefagui/202104/t20210428_2376392.html.

中共教育部党组,2017-12-04.中共教育部党组关于印发《高校思想政治工作质量
　　提升工程实施纲要》的通知(教党〔2017〕62号)[EB/OL].[2023-12-14].http://
　　www.moe.gov.cn/srcsite/A12/s7060/201712/t20171206_320698.html.

中共上海市教育卫生工作委员会,上海市教育委员会,2020-09-02.关于深入推进
　　上海高校课程思政建设的实施意见(沪教卫党〔2020〕186号)[EB/OL].[2023-
　　12-14].https://gsglxy.lixin.edu.cn/wcm.files/upload/CMSgsgjxy/202011/
　　202011201035046.pdf.

朱平,2020.高校课程思政的动力激励与质量评价[J].思想理论教育(10):23-27.

AMIT R, ZOTT C, 2001. Value creation in e-business [J]. Strategic
　　Management Journal, 22(6-7):493-520.

ARGYRIS C, 1977. Double loop learning in organizations [J]. Harvard
　　Business Review, 55(5):115-125.

ARGYRIS C, 2002. Double-loop learning, teaching, and research [J].
　　Academy of Management Learning & Education, 1(2):206-218.

ARGYRIS C, SCHÖN D A, 1978. Organisational learning: A theory of action
　　perspective [M]. Reading, Mass: Addison Wesley.

CHESBROUGH H W, 2002. Making sense of corporate venture capital[J].
　　Harvard Business Review, 80(3):90-99,133.

GREENWOOD J, 1998. The role of reflection in single and double loop learning

[J]. Journal of Advanced Nursing，27(5)：1048-1053.

HESJEDAL M B，ÅM H，SØRENSEN K H，et al.，2020. Transforming scientists' understanding of science-society relations. Stimulating double-loop learning when teaching RRI[J]. Science and Engineering Ethics，26（3）：1633-1653.

KANTAMARA P，RACTHAM V，2014. Single-loop vs. double-loop learning：An obstacle or a success factor for organizational learning [J]. International Journal of Education and Research，2(7)：55-62.

MATTHIES B，CONERS A，2018. Double-loop learning in project environments：An implementation approach [J]. Expert Systems with Applications，96：330-346.

MCAVOY J，BUTLER T，2007. The impact of the Abilene Paradox on double-loop learning in an agile team [J]. Information and Software Technology，49（6）：552-563.

REDDICK C G，CHATFIELD A T，OJO A，2017. A social media text analytics framework for double-loop learning for citizen-centric public services：A case study of a local government Facebook use [J]. Government Information Quarterly，34(1)：110-125.

REYCHAV I，KUMI R，SABHERWAL R，et al.，2016. Using tablets in medical consultations：Single loop and double loop learning processes [J]. Computers in Human Behavior，61：415-426.